Das bietet Ihnen die CD-ROM

■ Der Vorsorge-Planer: Audio-Einführung zur Vorsorge mit Fragebogen
■ Muster für Patienten-, Betreuungsverfügungen und Vorsorgevollmachten
■ Muster für Testamente

Formulare (Auswahl)

Registrierung der Vorsorgevollmacht

Registrierung einer gemeinsamen Verfügung mit einer Vorsorgevollmacht

Antrag auf Erteilung einer Sterbeurkunde beim Standesamt I in Berlin

Anzeige eines Sterbefalls

Beantragung einer Geburtsurkunde

Beantragung einer Heiratsurkunde

Zu benachrichtigende Personen im Unglücks- und/oder Krankheitsfall

Meine Daten über meine persönliche Gesundheit

Entbindung von der ärztlichen Schweigepflicht

Zu benachrichtigende Personen im Fall meines Todes

Wichtige Adressen von Vertrauenspersonen

Meine Konten

Mein Eigentum

Meine Verbindlichkeiten

Meine Versicherungen

Meine Gesundheitsvorsorge

Checklisten (Auswahl)

Regelung des Innenverhältnisses

Was tun bei einem Todesfall

Beantragung einer Sterbeurkunde

Kosten einer Beerdigung

Das müssen Sie bei der Vorbereitung der Bestattung beachten

Bestattungsverfügung

Muster

Patientenverfügung

Vorsorgevollmacht mit Betreuungsverfügung

Einfache Vorsorgevollmacht

Umfassende Vorsorgevollmacht mit Patientenverfügung

Geschäftsbesorgungsvertrag mit dem Bevollmächtigten

Geschäftsbesorgungsvertrag mit dem Kontrollbevollmächtigten

Handlungsanweisung und Vollmacht des Einzelunternehmers

Handlungsanweisung und Vollmacht des Alleingesellschafter-Geschäftsführers

Handlungsanweisung und Vollmacht des Mitgesellschafters

Textbausteine für die Patientenverfügung

Notfallausweis

Bestattungsverfügung

Kontenermittlung über den Bankenverband

Bankenanschreiben im Erbfall

Identitätsbestätigung

Schreiben an die Rentenrechnungsstelle

Schreiben an die Lebensversicherung

Kündigung einer Versicherung

Kündigungsschreiben an den Vermieter

Kündigungsschreiben an das Versorgungsunternehmen

Abmeldung bei der GEZ

Nachlassverzeichnis

Formulierungsvorschläge Testament

Überall, wo Sie das Icon sehen, finden Sie die Texte vollständig im DIN-A4-Format auf der CD-ROM – direkt zum Übernehmen in Ihre Textverarbeitung.

Bibliografische Information Der Deutschen Bibliothek

Die Deutsche Bibliothek verzeichnet diese Publikation in der Deutschen National-
bibliografie; detaillierte bibliografische Daten sind im Internet über
http://dnb.ddb.de abrufbar.

ISBN 3-448-06551-X   Bestell-Nr. 02012-0001
© 2005, Rudolf Haufe Verlag, Freiburg i. Br.
Redaktionsanschrift: Postfach 13 63, 82142 Planegg
Hausanschrift: Fraunhoferstraße 5, 82152 Planegg
Telefon (0 89) 8 95 17-0, Telefax (0 89) 8 95 17-2 50
Internet: http://haufe.de
Lektorat: Jasmin Jallad

Idee & Konzeption: Dr. Matthias Nöllke, Textbüro Nöllke München
Umschlaggestaltung: Luxus Medien Daniel Gunia, 86836 Graben
Lektorat und DTP: Text+Design Jutta Cram, 86391 Stadtbergen
Druck: Himmer GmbH & Co. KG, 86167 Augsburg

Michael Bonefeld

Die Vorsorgemappe

Mit Patientenverfügungen,
Vorsorgevollmachten
und Testamenten

Inhalt

Vorwort

Ein altes asiatisches Sprichwort lautet: Man soll sein Leben so planen, als ob man ewig lebe, und so organisieren, als ob man morgen sterbe.

Der plötzliche Tod oder die schwere Erkrankung eines Menschen konfrontiert Angehörige häufig mit bisher unbekannten Aufgaben. Die vorliegende Vorsorgemappe soll Ihnen bei der Bewältigung der Formalitäten, die auf Sie zukommen, eine hilfreiche Unterstützung sein.

Das Buch ist in einen Erläuterungs- und in einen Musterteil unterteilt. Im Erläuterungsteil erfahren Sie Wissenswertes über Lösungsmöglichkeiten für die vielfältigen Probleme, die bei einem Unglücks- oder Todesfall entstehen können. Insbesondere Fragen zur Vorsorgevollmacht und zur Patientenverfügung stehen hier im Mittelpunkt. Sie finden zahlreiche Formulierungsvorschläge, die gewährleisten, dass Ihre individuelle Verfügung oder Vollmacht rechtssicher ist. Außerdem erfahren Sie, was Sie im Fall des Todes eines Menschen beachten müssen. Checklisten und Expertentipps geben Ihnen praktische Hilfestellung.

Im Musterteil finden Sie Handreichungen, wie Sie alle Ihre wichtigen Daten zusammentragen und ordnen. Auf dieser Basis können Sie Ihre persönlichen Vorsorgeunterlagen mithilfe von Mustern für Vorsorgevollmachten, Patientenverfügungen und Testamente erstellen.

Selbstverständlich kann die Vorsorgemappe keine ausführliche Beratung durch einen Rechtsanwalt oder Notar ersetzen. Sollten Sie Ergänzungswünsche oder Verbesserungsvorschläge haben, können Sie diese gerne an mich richten unter: Kanzlei für Erbrecht und Vermögensnachfolge, Dr. M. Bonefeld, Marktplatz 8, 82031 Grünwald.

Formulierungsbeispiele in diesem Buch stellen lediglich Anregungen für typische Fälle dar. Ich kann keine Haftung für die Richtigkeit und Vollständigkeit der in diesem Werk enthaltenen Ausführungen und Formulierungsbeispiele übernehmen.

München im Juli 2005

Dr. Michael Bonefeld
Rechtsanwalt und Fachanwalt für Erbrecht

Abkürzungsverzeichnis

AGB	Allgemeine Geschäftsbedingungen
AktG	Aktiengesetz
Alt.	Alternative
BAT	Bundesangestelltentarif
BeurkG	Beurkundungsgesetz
BGB	Bürgerliches Gesetzbuch
BGH NJW	Bundesgerichtshof
BMJ	Bundesministerium der Justiz
BSHG	Bundessozialhilfegesetz
DWW	Deutsche Wohnungswirtschaft (Zeitschrift)
FGG	Gesetz über die Angelegenheiten der freiwilligen Gerichtsbarkeit
GmbH	Gesellschaft mit beschränkter Haftung
GmbHG	GmbH-Gesetz
LG	Landgericht
MTB	Manteltarifvertrag Bund
MTL	Manteltarifvertrag Land
NJW	Neue Juristische Wochenschrift
NJW-RR	Neue Juristische Wochenschrift Rechtsprechungs-Report
NZM	Neue Zeitschrift für Mietrecht
OLG	Oberlandesgericht
PersStG	Personenstandsgesetz
SGB V	Sozialgesetzbuch V
StGB	Strafgesetzbuch
StVG	Straßenverkehrsgesetz
VerschG	Verschollenengesetz
VVG	Versicherungsvertragsgesetz
WuM	Wohnungswirtschaft und Mietrecht (Zeitschrift)
ZAP	Zeitschrift für die Anwaltspraxis
ZEV	Zeitschrift für Erbrecht und Vermögensnachfolge

Teil I – Erläuterungen

Was ist für den Unglücks- und Krankheitsfall zu regeln?

Durch die Diskussion über das Erbrecht wird mehr und mehr Menschen bewusst, wie wichtig die Abfassung von letztwilligen Verfügungen oder Testamenten ist. Doch manchmal ist nicht nur der letzte Wille wichtig, sondern vielmehr der „vorletzte Wille": Was soll mit mir z. B. geschehen, wenn ich nicht mehr – vielleicht sogar bis zu meinem Tode – in der Lage bin, mich zu äußern?

Wie schnell kann sich von heute auf morgen das eigene Leben und damit einhergehend das Leben einer ganzen Familie etwa durch einen Unfall verändern! Plötzlich finden Sie sich in der Intensivstation eines Krankenhauses wieder. Wenn Sie selbst nicht mehr in der Lage sind, sich zu äußern oder Entscheidungen zu treffen, müssen dies Dritte übernehmen.

Der Gesetzgeber hatte zwischenzeitlich geplant, für Familienangehörige eine gesetzliche Vertretungsbefugnis für derartige Fälle einzuführen, dann aber das Vorhaben fallen gelassen. Deshalb bleibt es dabei: Vertretungsbefugt ist nur eine Person, die ausdrücklich – entweder mündlich oder schriftlich – bevollmächtigt wurde.

Was geschieht, wenn ich keine Vorsorgevollmacht habe?

Haben Sie nicht vorgesorgt, dann ist im Regelfall die Bestellung eines gesetzlichen Vertreters, also Betreuers, notwendig, wenn Sie z. B. durch Unfall oder auch aufgrund von Demenz selbst nicht mehr in der Lage sind, Ihre Angelegenheiten zu regeln. Über die Bestellung eines Betreuers entscheidet das Vormundschaftsgericht am örtlichen Amtsgericht. Es wird tätig, wenn z. B. Familienangehörige, Freunde, Ärzte oder Behörden dem Vormundschaftsgericht die Umstände schildern, die die Anordnung einer Betreuung rechtfertigen. Das Gericht entscheidet auch, welche Aufgaben der Betreuer erfüllen muss. Vor Anordnung einer Betreuung müssen Sie als betroffene Person durch einen Richter angehört werden. Der Richter kann außerdem gegebenenfalls einen Sachverständigen mit der Begutachtung über den Gesundheitszustand beauftragen. All dies braucht natürlich Zeit. Manchmal – z. B. bei notwendigen Operationen – müssen jedoch Entscheidungen schnell getroffen werden. Liegt keine Vorsorgevollmacht vor, wird in einem Eilverfahren ein Betreuer bestellt, der über die Durchführung der Operation entscheidet.

Als Betreuer des Betroffenen kommen nicht nur Familienangehörige in Betracht, sondern häufig handelt es sich um Berufsbetreuer oder Rechtsanwälte. Diese Personen haben im Regelfall noch nie zuvor Kontakt zu Ihnen als Betreuungsbedürftigem gehabt. Dennoch sind sie jetzt plötzlich Ihre gesetzlichen Vertreter und entscheiden, was richtig für Sie ist. Um dies zu verhindern, ist es wichtig, dass Sie Vollmachten oder auch Betreuungsverfügungen für diejenigen Personen ausstellen, die Sie kennen und tatsächlich auch wissen, was wichtig für Sie ist.

Sehen Sie sich einmal folgende Checkliste an. Wenn Sie nur eine der Fragen mit Nein beantworten, sollten Sie über die Erstellung einer Vollmacht nachdenken und gegebenenfalls anwaltlichen Rat einholen.

Regelungsbedarf	ja	nein
Habe ich geregelt, wer außer mir bei medizinischen Maßnahmen für mich entscheiden darf?		
Habe ich geregelt, wer sich um meine persönlichen Wünsche, die mir wichtig sind, kümmert?		
Habe ich geregelt, wer außer mir Kündigungen z. B. für einen Telefonanschluss erklären kann?		
Habe ich geregelt, wer außer mir mein Vermögen verwaltet?		
Habe ich geregelt, wer außer mir meine Bankgeschäfte regelt?		

Inhalte von Formularen kritisch überprüfen

Eine Vorsorgevollmacht ist schnell geschrieben. Hüten Sie sich aber davor, Formulare, die z. B. im Internet oder in Zeitschriften zu finden sind, ohne kritische Überprüfung des Inhaltes einfach nur anzukreuzen und zu unterschreiben. Bedenken Sie immer die Reichweite einer Vorsorgevollmacht!

Was kann ich mit einer Vorsorgevollmacht alles regeln?

§ 1896 Abs. 2 Satz 2 1. Alt. BGB regelt ausdrücklich den Vorrang der Eigenvorsorge vor staatlich angeordneter oder bereitgestellter Hilfe. Der Begriff der Vorsorgevollmacht ist vom Gesetzgeber bis dato noch nicht näher definiert worden. Durch das Zweite Betreuungsrechtsänderungsgesetz, das zum 01.07.2005 in Kraft getreten ist, ist jedoch die Vorsorgevollmacht gestärkt worden.

Im Einzelnen sind folgende Rechtsvorschriften wichtig:

---

§ 1901a Schriftliche Betreuungswünsche

Wer ein Schriftstück besitzt, in dem jemand für den Fall seiner Betreuung Vorschläge zur Auswahl des Betreuers oder Wünsche zur Wahrnehmung der Betreuung geäußert hat, hat es unverzüglich an das Vormundschaftsgericht abzuliefern, nachdem er von der Einleitung eines Verfahrens über die Bestellung eines Betreuers Kenntnis erlangt hat. Ebenso hat der Besitzer das Vormundschaftsgericht über Schriftstücke, in denen der Betroffene eine andere Person mit der Wahrnehmung seiner Angelegenheiten bevollmächtigt hat, zu unterrichten. Das Vormundschaftsgericht kann die Vorlage einer Abschrift verlangen.

Mit dieser Neufassung seit dem 01.07.2005 wurde vermieden, dass der Bevollmächtigte das Original der Vollmacht bei Gericht abliefern muss und sich im Rechtsverkehr nicht mehr legitimieren kann. Bei notariell beurkundeten Vollmachten wäre ebenfalls eine Ablieferung der Originalurkunde systemwidrig, weil diese nach beurkundungsrechtlichen Grundsätzen bei der Urkundensammlung des Notars zu verbleiben hat.

---

§ 1904 Genehmigung des Vormundschaftsgerichts bei ärztlichen Maßnahmen

(1) Die Einwilligung des Betreuers in eine Untersuchung des Gesundheitszustands, eine Heilbehandlung oder einen ärztlichen Eingriff bedarf der Genehmigung des Vormundschaftsgerichts, wenn die begründete Gefahr besteht, dass der Betreute auf Grund der Maßnahme stirbt oder einen schweren und länger dauernden gesundheitlichen Schaden erleidet. Ohne die Genehmigung darf die Maßnahme nur durchgeführt werden, wenn mit dem Aufschub Gefahr verbunden ist.

(2) Absatz 1 gilt auch für die Einwilligung eines Bevollmächtigten. Sie ist nur wirksam, wenn die Vollmacht schriftlich erteilt ist und die in Absatz 1 Satz 1 genannten Maßnahmen ausdrücklich umfasst.

---

§ 1906 Genehmigung des Vormundschaftsgerichts bei der Unterbringung

(1) Eine Unterbringung des Betreuten durch den Betreuer, die mit Freiheitsentziehung verbunden ist, ist nur zulässig, solange sie zum Wohl des Betreuten erforderlich ist, weil

1. auf Grund einer psychischen Krankheit oder geistigen oder seelischen Behinderung des Betreuten die Gefahr besteht, dass er sich selbst tötet oder erheblichen gesundheitlichen Schaden zufügt, oder

2. eine Untersuchung des Gesundheitszustands, eine Heilbehandlung oder ein ärztlicher Eingriff notwendig ist, ohne die die Unterbringung des Betreuten nicht durchgeführt werden kann und der Betreute auf Grund einer psychischen Krankheit oder geistigen oder seelischen Behinderung die Notwendigkeit der Unterbringung nicht erkennen oder nicht nach dieser Einsicht handeln kann.

> (2) Die Unterbringung ist nur mit Genehmigung des Vormundschaftsgerichts zulässig. Ohne die Genehmigung ist die Unterbringung nur zulässig, wenn mit dem Aufschub Gefahr verbunden ist; die Genehmigung ist unverzüglich nachzuholen.
>
> (3) Der Betreuer hat die Unterbringung zu beenden, wenn ihre Voraussetzungen wegfallen. Er hat die Beendigung der Unterbringung dem Vormundschaftsgericht anzuzeigen.
>
> (4) Die Absätze 1 bis 3 gelten entsprechend, wenn dem Betreuten, der sich in einer Anstalt, einem Heim oder einer sonstigen Einrichtung aufhält, ohne untergebracht zu sein, durch mechanische Vorrichtungen, Medikamente oder auf andere Weise über einen längeren Zeitraum oder regelmäßig die Freiheit entzogen werden soll.
>
> (5) Die Unterbringung durch einen Bevollmächtigten und die Einwilligung eines Bevollmächtigten in Maßnahmen nach Absatz 4 setzt voraus, dass die Vollmacht schriftlich erteilt ist und die in den Absätzen 1 und 4 genannten Maßnahmen ausdrücklich umfasst. Im Übrigen gelten die Absätze 1 bis 4 entsprechend.

Die Vorschriften zeigen, wie sehr der Gesetzgeber dafür Sorge tragen wollte, dass für wichtige Bereiche, die wesentliche Rechte betreffen, eine ausdrückliche Genehmigung vorliegt. Aus diesem Grunde sollten bei der Erstellung einer Vorsorgevollmacht auch die wesentlichen Punkte, die der Gesetzgeber geregelt hat, mit aufgenommen werden, um hier Klarheit zu schaffen.

Regelungen an Ihre Vorstellungen anpassen

Wenn die gesetzlichen Regelungen und deren Auswirkungen nicht Ihren Vorstellungen entsprechen, sollten Sie sie durch eine Vorsorgevollmacht modifizieren, wo dies möglich ist.

Zudem sollten Sie sich für Ihre Überlegungen Zeit nehmen und ruhig im Vorfeld mit der Familie bzw. dem späteren Bevollmächtigten über Ihre Wünsche sprechen.

Im Einzelnen können/sollten Sie folgende Punkte in einer Vorsorgevollmacht regeln:

- Gesundheitsangelegenheiten,
- Vermögensangelegenheiten und
- Aufenthaltsbestimmung.

Gesundheitsangelegenheiten

Bei der Regelung der Gesundheitsangelegenheiten besteht die Möglichkeit, dem Bevollmächtigten die Entscheidung über ärztliche Behandlung im Allgemeinen zu übertragen. Er darf dann über jegliche Arten von ärztlichen Behandlungen, Therapien, Medikamentenvergabe, Pflege und Operationen entscheiden.

Befugnis ausdrücklich erwähnen

Die Befugnis für den Bevollmächtigten, in eine Unterbringung oder in lebensgefährliche ärztliche Untersuchungen oder Operationen einzuwilligen, muss ausdrücklich in der Vollmacht erwähnt sein. Andernfalls gilt sie als nicht angeordnet und es müsste für diese Aufgabe ein Betreuer bestellt werden!

In Eilfällen, z. B. bei einer Notoperation, kann der Bevollmächtigte, obwohl er grundsätzlich bei schwerwiegenden Entscheidungen die Genehmigung des Vormundschaftsgerichts einholen muss, zunächst ohne diese Genehmigung entscheiden.

Ärzte von Schweigepflicht entbinden

Es ist sinnvoll, die behandelnden Ärzte gegenüber dem Bevollmächtigten von der ärztlichen Schweigepflicht zu entbinden. Ferner sollten Sie bestimmen, dass der Bevollmächtigte seinerseits Ärzte gegenüber Dritten von der Schweigepflicht entbinden darf. Dies kann manchmal bei versicherungsrechtlichen Fragen eine Rolle spielen.

Vermögensangelegenheiten

Sie können den Bevollmächtigten berechtigen, Sie in allen Vermögens-, Steuer-, Renten-, Sozial- und sonstigen Rechtsangelegenheiten sowohl gerichtlich wie auch außergerichtlich zu vertreten. Die Vorsorgevollmacht sollte insbesondere die Vertretung gegenüber Behörden, Banken, Versicherungen und der Krankenkasse umfassen. Dann hat der Bevollmächtigte z. B. das Recht, Bankgeschäfte zu tätigen, den Haushalt aufzulösen und Mietverträge zu kündigen.

Ratsam ist es auch, dass die Vollmacht über den Tod hinaus gültig bleibt. Dann ist der Bevollmächtigte auch nach dem Tode des Vollmachtgebers handlungsfähig und kann solange Maßnahmen treffen, bis die Erben einen Erbschein haben.

Aufenthaltsbestimmung

Schließlich sollten Sie die Bestimmung Ihres Aufenthalts festlegen. Damit entscheiden Sie, von wem Sie im Fall der Pflegebedürftigkeit versorgt werden wollen und ob bzw. wann ein Umzug in ein Altersheim erfolgen soll. Außerdem können Sie festlegen, in welcher Einrichtung Sie versorgt werden möchten bzw. wo Sie auf keinen Fall untergebracht werden wollen.

Welchen Inhalt sollte eine Vorsorgevollmacht haben?

Derzeit sind etliche Vorsorgevollmachten und Patientenverfügungen auf dem Markt. Das Justizministerium schätzt, dass allerdings rund 70 Prozent der abgefassten Vollmachten und Verfügungen einer kritischen rechtlichen Überprüfung nicht standhalten würden.

Deshalb ist es äußerst wichtig, dass Sie sich als Vollmachtgeber/in einerseits der Konsequenzen, die mit einer Bevollmächtigung verbunden sind, bewusst sind und andererseits klare Regelungen treffen.

Grundsätzlich gibt es in einer Vorsorgevollmacht keine Pflichtinhalte, dennoch sollten Sie einige Grundsätze beachten, die sich in der Praxis als besonders wichtig herausgestellt haben.

Ab wann sollte eine Vorsorgevollmacht greifen?

Im Einzelnen gibt es mehrere Bevollmächtigungsarten:

- bedingte Vollmacht,
- unbedingte Vollmacht,
- transmortale Vollmacht und
- postmortale Vollmacht.

Die bedingte Vollmacht hat sich in der Praxis als untauglich herausgestellt. Sie tritt nur unter der Bedingung in Kraft, dass der Vollmachtgeber geschäfts- oder handlungsunfähig ist und dadurch einer Betreuung bedarf. Will der Bevollmächtigte für den Vollmachtgeber handeln, muss er zunächst beweisen, dass diese Bedingung eingetreten ist, was sich in der Praxis schwierig gestaltet. Aus diesem Grunde sollten Sie die Vorsorgevollmacht grundsätzlich ohne Bedingungen erteilen.

Eine postmortale Vollmacht ist ebenfalls ungeeignet, um Vorsoge für die Zeit bis zum Tod zu treffen, denn sie gilt erst ab dem Zeitpunkt des Todes. Manchmal kann es sinnvoll sein, die Vollmacht transmortal zu gestalten, d. h. so, dass diese Vollmacht auch über den Tod hinaus weiter gilt.

Grundsätzlich erlischt die Vollmacht nicht mit dem Tode des Vollmachtgebers. Will man jedoch durch die Vollmacht nur die Zeit bis zum Tod regeln, so sollte dies in der Vorsorgevollmacht festgehalten werden.

Wichtig ist, die Vorsorgevollmacht auch als solche zu bezeichnen, um sie z. B. von einer Generalvollmacht abzugrenzen. Die Vorsorgevollmacht umfasst grundsätzlich nur die Bereiche der Vermögenssorge, der Gesundheitssorge und der Aufenthaltsbestimmung. Sie tritt außerdem nur dann in Kraft, wenn der Vollmachtgeber aufgrund einer psychischen Krankheit oder körperlichen, geistigen oder seelischen Behinderung seine Angelegenheiten ganz oder teilweise nicht mehr selbst regeln kann oder will. Eine Generalvollmacht gilt hingegen für alle Fälle, unabhängig von einer Beeinträchtigung des Vollmachtgebers. Sie beinhaltet also sozusagen eine Totalstellvertretung, die allerdings nicht immer gewünscht ist.

Welche Sicherungen sollte ich in eine Vorsorgevollmacht aufnehmen?

Vollmachten bedeuten – wie schon der Name sagt – volle Macht dessen, der sie inne-hat.

Grundsätzlich ist zwischen dem Außen- und dem Innenverhältnis der Vollmacht zu unterscheiden. Der Bevollmächtigte kann im Außenverhältnis, also im Verhältnis zu Dritten, alle Tätigkeiten ausführen, zu denen ihn die Vollmacht berechtigt. Etwaige Beschränkungen, die der Vollmachtgeber dem Bevollmächtigten im Innenverhältnis auferlegt hat, sind für Dritte dabei ohne Belang. Ein Beispiel: Der Bevollmächtigte hat die Anweisung, monatlich nur über 2.000 Euro zu verfügen, besitzt aber eine unbeschränkte Vollmacht. Also kann er ohne weiteres mehr als 2.000 Euro von der Bank abheben. Denn für die Bank – als Dritten – ist es in diesem Fall unerheblich, ob er eventuell dem Vollmachtgeber schadensersatzpflichtig ist.

Aus diesem Grunde sollten Sie darauf achten:

- Setzen Sie in der Vorsorgevollmacht einen so genannten Kontrollbevollmächtigten ein, der die Tätigkeiten des Bevollmächtigten überprüft.
- Machen Sie dem Bevollmächtigten konkrete schriftliche Vorgaben. Diese Vorgaben können Sie auch außerhalb der eigentlichen Vorsorgevollmacht festhalten. Je genauer die Vorgaben sind, desto besser kann ein Kontrollbevollmächtigter deren Umsetzung überprüfen. So können Sie wichtige Entscheidungen – z. B. die Einweisung in ein Altersheim oder den Verkauf des Wohnhauses – von der Zustimmung des Kontrollbevollmächtigten abhängig machen.

Verfahrensbevollmächtigte

Als Kontrollbevollmächtigter eignet sich meistens ein versierter Rechtsanwalt. Überlegen Sie ggf., ob dieser Anwalt dann nicht auch gleichzeitig für möglicherweise notwendige Verfahrenspflegschaften als Verfahrensbevollmächtigter eingesetzt werden soll (im Rahmen der Bevollmächtigung nach Maßgabe der §§ 67, 70b FGG). Hierdurch lässt sich wiederum der Einfluss außenstehender Dritter vermeiden.

Bedenken Sie auch, dass der Bevollmächtigte mit den Aufgaben überfordert sein könnte. Dies ist insbesondere in den Fällen der gegenseitigen Bevollmächtigungen von Eheleuten ohne Kinder der Fall. Ist kein großer Altersunterschied vorhanden, ist der bevollmächtigte Ehegatte möglicherweise selbst nicht mehr in der Lage, alle notwendigen Schritte für den Partner einzuleiten. Dies kann dazu führen, dass staatliche Betreuung notwendig wird.

Kombinationsbevollmächtigung

Einen Ausweg bieten Kombinationsbevollmächtigungen. Dabei werden einerseits Privatpersonen und andererseits z. B. Rechtsanwälte bevollmächtigt. Hierdurch soll sowohl die Unterstützung des bevollmächtigten Ehepartners als auch die Versorgung des Längstlebenden gewährleistet werden.

Ausfallabsicherung

Zur Absicherung des Ausfalls von bevollmächtigten Anwälten können Sie z. B. den Vorstand des örtlichen Anwaltsvereins oder den Vorstand der Deutschen Vereinigung für Vorsorge- und Betreuungsrecht e. V. (dvvb) in der Vorsorgevollmacht bevollmächtigen, einen Ersatzanwalt zu benennen.

Deutsche Vereinigung für Vorsorge- und Betreuungsrecht e. V.

Informationen über die Geschäftsstelle der Deutschen Vereinigung für Vorsorge- und Betreuungsrecht e. V. finden Sie unter www.dvvb-ev.de.

Außerdem sollten Sie unbedingt festhalten, ob der Bevollmächtigte aufgrund der Vorsorgevollmacht auch über so genannte Anstands- und Pflichtschenkungen hinaus Schenkungen in Ihrem Namen vornehmen darf. Denn hier besteht die Gefahr des

Missbrauchs. Allerdings können Schenkungen – z. B. aus steuerlichen Gründen im Wege der vorweggenommenen Erbfolge – manchmal auch sehr nützlich sein. Hier sollten Sie das Für und Wider in Ihrem pesönlichen Fall abwägen. Im Zweifel sollten Sie aber eher keine Schenkungen zulassen.

Was sollte ich bei mehreren Bevollmächtigten regeln?

Sie können für konkrete einzelne Aufgabenbereiche jeweils verschiedene Personen bevollmächtigen oder für ein und denselben Aufgabenkreis mehrere Personen bevollmächtigen. Dann müssen Sie aber entscheiden, ob diese Personen jeweils einzelvertretungsberechtigt sein sollen oder wenigstens in Teilbereichen als Gesamtbevollmächtigte handeln können bzw. sollen.
Bei einer Gesamtbevollmächtigung können bei der praktischen Durchführung einige Probleme auftreten. Zwar hat sie den Vorteil, dass sich die Bevollmächtigten gegenseitig kontrollieren können, allerdings müssen Sie darauf achten, dass sie dadurch nicht handlungsunfähig werden.

Was gilt es noch zu bedenken?

Untervollmachten

Regeln Sie außerdem unbedingt, ob der Bevollmächtigte berechtigt sein soll, Aufgaben, mit denen er betraut wurde, auf Dritte zu übertragen, also so genannte Untervollmachten zu erteilen. In der Praxis hat sich gezeigt, dass die Erteilung von Untervollmachten nur im Bereich der Vermögenssorge, nicht aber im Bereich der Personensorge sinnvoll ist. Vernünftig ist es aber, wenn der Bevollmächtigte bestimmte Tätigkeiten, die nicht von elementarer Bedeutung sind, delegieren darf.
Es stellt sich noch eine andere Frage: Darf sich ein Bevollmächtigter mit Aufgaben betrauen, die er eigentlich Dritten übertragen könnte oder müsste? Nach § 181 BGB ist es dem Bevollmächtigten grundsätzlich nicht erlaubt, mit sich selbst Rechtsgeschäfte im eigenen Namen vorzunehmen. Damit stünde er nämlich gleichzeitig auf beiden Seiten des Rechtsgeschäfts („Insichgeschäft"). Sie können den Bevollmächtigten aber von diesem Verbot befreien. Grundsätzlich gehen Sie allerdings bei einer Befreiung von diesem Verbot immer ein Risiko ein.
Manchmal kann es aber nützlich sein, wenn sich der Bevollmächtigte selbst mit der Durchführung bestimmter Tätigkeiten beauftragen kann. Ist er z. B. selbst Anwalt, ist es nicht sinnvoll, dass er für die Regelung rechtlicher Angelegenheiten fremde Personen beauftragen muss, deren Dienstleistungen möglicherweise teurer sind. Auch hier müssen Sie also zwischen Nutzen und Risiko abwägen.

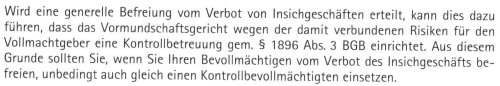

Kontrollbevollmächtigten einsetzen

Wird eine generelle Befreiung vom Verbot von Insichgeschäften erteilt, kann dies dazu führen, dass das Vormundschaftsgericht wegen der damit verbundenen Risiken für den Vollmachtgeber eine Kontrollbetreuung gem. § 1896 Abs. 3 BGB einrichtet. Aus diesem Grunde sollten Sie, wenn Sie Ihren Bevollmächtigen vom Verbot des Insichgeschäfts befreien, unbedingt auch gleich einen Kontrollbevollmächtigten einsetzen.

Achten Sie in jedem Fall darauf, Ihre Vorsorgevollmacht frei widerruflich zu gestalten. Ohnehin erkennen Gerichte unwiderrufliche Vollmachten nur eingeschränkt an. Ein Widerruf kann formlos, sollte aber wegen der Nachweisbarkeit schriftlich mit Zustellungsnachweis erfolgen. Denken Sie aber in diesem Zusammenhang daran, dass Sie eine Vollmacht nur dann selbst widerrufen können, wenn Sie noch geschäftsfähig sind.

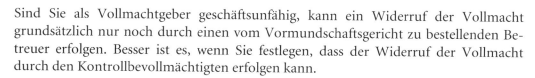

Widerruf

Beim Widerruf müssen Sie auf Folgendes achten:

- Lassen Sie sich die Vollmachtsurkunde zurückgeben oder
- lassen Sie sich wenigstens eine schriftliche Erklärung geben, in der die Vollmacht für kraftlos erklärt wird.

Tun Sie dies nicht, bleibt nach § 172 Abs. 2 BGB die Vertretungsmacht bestehen.

Sind Sie als Vollmachtgeber geschäftsunfähig, kann ein Widerruf der Vollmacht grundsätzlich nur noch durch einen vom Vormundschaftsgericht zu bestellenden Betreuer erfolgen. Besser ist es, wenn Sie festlegen, dass der Widerruf der Vollmacht durch den Kontrollbevollmächtigten erfolgen kann.

Wie sollte ich das Innenverhältnis zwischen mir und dem Bevollmächtigten regeln?

Folgende Gesichtspunkte sollten Sie bei der Regelung des Innenverhältnisses beachten:

Regelung des Innenverhältnisses	ja	nein
Stellen Sie fest, dass nicht nur ein rechtlich unverbindliches Gefälligkeitsverhältnis, sondern ein rechtlich verbindliches Auftragsverhältnis besteht.	✓	
Regeln Sie Ihre persönliche Versorgung. Hierunter fallen Regelungen zur Gesundheitssorge und zur Aufenthaltsfrage für den Vorsorgefall.		
Gerade bei der Aufenthaltsfrage sollte eine Klarstellung erfolgen, dass zunächst immer eine Versorgung in der häuslichen Umgebung erfolgen soll. Beispielsweise soll, wenn man sich durch einen Treppensturz das Bein gebrochen hat, noch keine Einweisung in ein Alterspflegeheim erfolgen dürfen, wenn die Versorgung zu Hause möglich ist.		
Bei Regelungen zur Gesundheitssorge sollte eine Abstimmung mit einer eventuell bestehenden Patientenverfügung erfolgen. Hier darf es nicht zu Widersprüchen kommen.		
Machen Sie dem Auftragnehmer deutlich, was Ihnen wichtig ist, beispielsweise der regelmäßige Besuch eines Gottesdienstes oder der Besuch des Grabes des vorverstorbenen Ehegatten.		

Bei der Regelung der Vermögensangelegenheiten sollten Sie Vorgaben machen, wie z. B. die Kapitalanlageform gewählt werden sollte. Oder geben Sie eine Anweisung, dass der Bevollmächtigte den Rat einer bestimmten Person/Bank bei der Kapitalanlage befolgen soll.		
Fixieren Sie ausdrücklich, was Ihnen bei der Kapitalanlage wichtig ist und welches Risiko der Bevollmächtigte eingehen darf. Banken arbeiten üblicherweise mit fünf Risikoklassen der Kapitalanlage. Nennen Sie nach Rücksprache mit Ihrer Bank eine Risikoklasse, die der Bevollmächtigte nicht überschreiten darf.		
Weisen Sie den Bevollmächtigten an, Ihr Vermögen getrennt von seinem Privatvermögen zu halten.		
Bei mehreren Bevollmächtigten können Sie zwar eine Einzelvertretungsbefugnis erteilen, aber dennoch für das Innenverhältnis regeln, dass nach einer bestimmten Rangfolge zu handeln ist. So können Sie anordnen, dass zunächst Ihr Ehegatte berechtigt sein soll und erst anschließend Ihre Kinder (auch hier Reihenfolge festsetzen).		
Regeln Sie die Auskunfts- und Rechenschaftspflicht des Bevollmächtigten (§ 666 BGB), also wann und ob überhaupt Auskunft erteilt und Rechenschaft durch den Bevollmächtigten abgelegt werden soll.		
Nehmen Sie ggf. eine Haftungsbegrenzung bei einer Bevollmächtigung im rein privaten Bereich auf Vorsatz und grobe Fahrlässigkeit auf.		
Treffen Sie Regelungen, ob der Bevollmächtigte eine Vergütung erhalten soll, wenn ja, in welcher Höhe und wann die Auszahlung erfolgen soll. Ebenso ist die Frage des Aufwendungsersatzanspruchs zu regeln, wenn z. B. der Bevollmächtigte zunächst auf eigene Kosten für den Vollmachtgeber Geld ausgelegt hat.		

Wenn es bei der gesetzlichen Regelung bleiben soll

Soll es bei der gesetzlichen Regelung aus § 666 BGB bleiben, ist dem Bevollmächtigten zu raten, unbedingt

- ■ Verwendungsnachweise für das Bargeld zu erstellen,
- ■ nur gegen Quittungen über Geld oder Gegenstände zu verfügen,
- ■ alle Quittungen sicher aufzubewahren und
- ■ wegen der Rechenschaftslegungspflicht vorsorglich ein Haushaltsbuch zu führen.

Wie sollte ich das Innenverhältnis zwischen mir und dem Kontrollbevollmächtigten regeln?

Um eine effektive Kontrolle zu gewährleisten, sollte der Kontrollbevollmächtigte die gleichen Rechte wie ein vom Vormundschaftsgericht bestellter Kontrollbetreuer haben (§ 1896 Abs. 3 BGB):

- • Recht auf Auskunft und Rechnungslegung,
- • jährliches Prüfungsrecht der Rechnungslegung,
- • Entscheidungskompetenz über ein mögliches Abweichen vom Auftrag (§ 665 Satz 2 BGB),
- • Recht zum Widerruf der Vollmacht bei Vorliegen bestimmter Voraussetzungen,

- Geltendmachen von Schadensersatzansprüchen zugunsten des Vollmacht- bzw. Auftraggebers sowie
- Recht, die Dinge herauszuverlangen oder geltend zu machen, die der Bevollmächtigte zur Auftragsausführung erhalten hat.

Ferner sollten Sie den Zeitpunkt festlegen, ab wann der Kontrollbevollmächtigte in seiner Funktion als Kontrollorgan handeln soll. Meistens genügt es festzulegen, dass er erst dann tätig werden soll, wenn er von Dritten zuverlässig Kenntnis davon erhält, dass der oder die Bevollmächtigten seine/ihre Vollmacht missbrauchen oder dass es Dissonanzen zwischen dem/n Bevollmächtigten und Dritten gibt. Selbstverständlich sollte der Kontrollbevollmächtigte auch dann eingreifen können, wenn er es für erforderlich hält oder dies praktisch notwendig wird, wie z. B. bei notwendigen Zustimmungen oder wenn die Einrichtung einer Kontrollbetreuung durch das Vormundschaftsgericht erwogen wird.

Bei Missbrauch

Sollten Sie Opfer von Personen geworden sein, die Ihre Vollmacht gegen Ihre Interessen ausgenützt haben, können Sie sich z. B. an den Verein Licht in Sicht wenden: www.licht-in-sicht.org.

Welche Form muss ich einhalten?

Sie können eine Vorsorgevollmacht formlos erteilen. Dennoch hat sich in der Praxis – insbesondere im Bankenverkehr – die notarielle Beurkundung oder zumindest die Unterschriftsbeglaubigung unter der Vorsorgevollmacht bewährt. Vorsorglich sollten Sie sich bei Ihrer Hausbank informieren, welche Form des Vollmachtsnachweises gewünscht wird. Alternativ können Sie sich die Unterschriftsleistung und einen Identitätsnachweis gleich von der Bank bestätigen lassen.

Soll der Bevollmächtigte über Grundstücke oder Schiffe etc. verfügen, deren Übertragung die notarielle Beurkundung voraussetzt, sollte auch die Vollmacht notariell beurkundet werden, um spätere Schwierigkeiten zu vermeiden. Bei der Beurkundung muss der Notar zudem die Geschäftsfähigkeit des Vollmachtgebers feststellen (§ 11 BeurkG).

Auch aus einem anderen Grund sollte die Vorsorgevollmacht auf jeden Fall schriftlich abgefasst werden: Bei Entscheidungen des Bevollmächtigten über

- Untersuchungen des Gesundheitszustands,
- Heilbehandlungen oder
- einen ärztlichen Eingriff mit der begründeten Gefahr, dass der Vollmachtgeber aufgrund der Maßnahme stirbt oder einen schweren und länger dauernden gesundheitlichen Schaden erleidet, oder
- eine mit Freiheitsentziehung verbundene Unterbringung

bedarf die Bevollmächtigung der Schriftform und der ausdrücklichen Benennung dieser Maßnahmen (§ 1904 Abs. 2 BGB und § 1906 Abs. 5 BGB).

Besonderheiten gelten insbesondere im gesellschaftsrechtlichen Bereich. Hier sind bei der Bevollmächtigung die Formvorschriften der §§ 134 Abs. 3, 135 AktG und § 2 Abs. 2 GmbHG zu beachten. Es ist dann grundsätzlich eine notariell errichtete oder beglaubigte Vollmacht notwendig. Auf jeden Fall sollten Sie die Satzung der Gesellschaft überprüfen, welche formalen Voraussetzungen für eine Vollmacht gefordert werden.

Folgende Punkte sollten Sie zusätzlich bei der Abfassung einer Vorsorgevollmacht beachten:

Abfassen einer Vorsorgevollmacht

- ■ Regeln Sie eindeutig die Befugnisse des Bevollmächtigten: Was darf er und was nicht?
- ■ Ordnen Sie die Kompetenzen übersichtlich von den Finanzgeschäften bis hin zu den persönlichen Angelegenheiten, z. B. die Auswahl eines Pflegeheims.
- ■ Es ist auch möglich, in einer Vorsorgevollmacht unterschiedliche Aufgaben auf mehrere Personen zu verteilen. So können Sie einer Person Entscheidungsbefugnisse über medizinische Fragen übertragen und der anderen nur Befugnisse in finanzieller Hinsicht.
- ■ Denken Sie daran, immer auch einen Ersatzbevollmächtigten zu benennen, wenn der Bevollmächtigte nicht in der Lage ist, die Vollmacht wahrzunehmen.
- ■ Ist Ihre Vollmacht noch aktuell bzw. entspricht sie noch Ihrem Willen? Sie können die Vorsorgevollmacht jederzeit ändern oder widerrufen.
- ■ Vermeiden Sie Bedingungen und geben Sie kein Wirksamkeitsdatum an. Wenn Sie dennoch Angst haben, dass die Vollmacht zu früh eingesetzt wird, sollten Sie die Wirksamkeit davon abhängig machen, dass vorher ein ärztliches Attest über die Entscheidungsunfähigkeit ausgestellt wird. Bedenken Sie jedoch, dass dies zu Verzögerungen führen kann. Im Zweifel sollten Sie daher die Vollmacht immer ohne Bedingungen erteilen und stattdessen einen Kontrollbevollmächtigten einsetzen.

Wo bewahre ich die Vorsorgevollmacht auf?

Was nützt eine Vollmacht, die man nicht findet oder nicht kennt? Sie sollten sichergehen, dass die Vollmacht im Ernstfall dem Bevollmächtigten zugänglich ist. Entweder übergeben Sie ihm die Vollmacht sofort oder aber Sie sagen ihm, wo er sie finden kann. Achten Sie darauf, dass sie nicht an einem Ort aufbewahrt wird, an den der Bevollmächtigte nicht so ohne weiteres gelangt, wie z. B. in einem Banksafe. Bei einer notariell beurkundeten Vollmacht liegt das Original häufig beim Notar und der Vollmachtgeber bekommt davon eine Ausfertigung, die er zu Hause aufbewahren kann.

Damit Dritte auch wissen, dass Sie eine Person bevollmächtigt haben, sollten Sie – wie bei einem Organspendeausweis auch – eine kleine Karte bei sich im Portemonnaie aufbewahren. In Bayern kann die Vorsorgevollmacht auch bei Gericht hinterlegt werden. Außerdem besteht die Möglichkeit, die Vollmacht im Internet bei der Bundesnotarkammer unter www.vorsorgeregister.de registrieren zu lassen. Die Kosten dafür belaufen sich auf etwa 20 Euro. Ein Formular zur Registrierung der Vorsorgevollmacht finden Sie auf der beigefügten CD-ROM.

Was sollte ein Unternehmer bei einer Vorsorgevollmacht beachten?

Unternehmer müssen viele Besonderheiten beachten. So gehen die Regelungen in den Gesellschaftsverträgen den Regelungen in einer letztwilligen Verfügung des Unternehmers vor. Daher müssen die Regelungen – nicht zuletzt auch aus steuerlichen Erwägungen – auf jeden Fall immer aufeinander abgestimmt werden.

Der plötzliche Ausfall eines Unternehmers kann weit reichende Folgen für sein Unternehmen haben, da letzteres jederzeit handlungsfähig bleiben muss. Deshalb benötigt es eine spezielle Vorsorge durch klare Anweisungen des Unternehmers. Außerdem müssen die speziellen handels- und gesellschaftsrechtlichen Vollmachten erteilt werden. Die Notwendigkeit dieser Vorsorge betrifft dabei nicht nur die Leiter eines Unternehmens wie z. B. den Inhaber einer Einzelfirma oder einer Einmann-GmbH, sondern auch Mitgesellschafter.

Als Bevollmächtigte sollten Sie als Unternehmer/in Personen wählen, die in der Lage sind, das Unternehmen in Ihrem Sinne weiter zu führen. Dabei kommen sowohl Familienangehörige als auch Mitgesellschafter oder Berater der Firma in Betracht.

Ihre Vorsorgevollmacht als Unternehmer/in sollte folgende Punkte beinhalten

- Klare Anweisungen an den Bevollmächtigten, wie dieser zu handeln hat.
- Soll eine Prokura erteilt werden? Sollen Stimmrechtsvollmachten erteilt werden?
- Regelungen, ob das Unternehmen veräußert oder liquidiert werden darf.
- Regelungen, ob das Unternehmen durch einen Rechtsformwechsel (z. B. GmbH in AG oder Einzelfirma in GmbH) umgewandelt werden darf.

Die Formulierungsvorschläge erfolgen in Anlehnung an Langenfeld, Die Vorsorgevollmacht des Unternehmers, ZEV 2005, 52 f.

Handlungsanweisung und Vollmacht des Einzelunternehmers

Sollte ich unfall- oder krankheitsbedingt nicht in der Lage sein, mein unter der Firma ... betriebenes Einzelunternehmen selbst zu führen, so hat die von mir bevollmächtigte Person für die Unternehmensfortführung Sorge zu tragen. Dies kann sie selbst kraft der erteilten Vollmacht besorgen. Sie ist auch bevollmächtigt, sich selbst oder anderen Personen Prokura zu erteilen. Zudem kann sie, wenn mein Ausfall länger dauert, eine Umwandlung vornehmen, also z. B. dem Unternehmen eine haftungsbeschränkende Form geben, insbesondere die Einzelfirma aus meinem Vermögen in eine neu zu gründende GmbH abspalten.

Sollte ich auf Dauer (d. h. mindestens drei Jahre) nicht in der Lage sein, das Unternehmen selbst weiter zu führen, so kann eine Veräußerung oder Liquidation erfolgen. Dabei hat der Bevollmächtigte allem voran eine Veräußerung anzustreben, bevor eine Liquidation erfolgt. Der Bevollmächtigte hat zuvor den Anwalt und den Steuerberater bzw. Wirtschaftsprüfer des Unternehmens zu Rate zu ziehen. Insgesamt entscheidet er jedoch nach seinem billigen Ermessen. (Gegebenenfalls: Die Notwendigkeit ist vom Steuerberater und Wirtschaftsprüfer des Unternehmers zuvor zu bestätigen.)

Nach alledem bevollmächtige ich hiermit den o. g. Vollmachtnehmer

- zur Vertretung in allen Angelegenheiten meines Einzelunternehmens,
- zur Bestellung eines Prokuristen, wobei er sich auch selbst bestellen darf,
- zur Übertragung des Betriebsvermögens des Einzelunternehmens auf eine haftungsbeschränkende Gesellschaft, deren Alleingesellschafter ich bin oder werde,
- zum Betrieb dieser Gesellschaft und zur Ausübung aller meiner Gesellschafterrechte einschließlich der Bestellung und Abberufung von Geschäftsführern und Prokuristen,
- zur Veräußerung oder Liquidation des Unternehmens, sofern dies wirtschaftlich notwendig ist.

Handlungsanweisung und Vollmacht des Alleingesellschafter-Geschäftsführers

Sollte ich unfall- oder krankheitsbedingt nicht in der Lage sein, meine Aufgaben als Gesellschafter-Geschäftsführer der ... wahrzunehmen, so hat die von mir bevollmächtigte Person für die Unternehmensfortführung Sorge zu tragen. Dies kann sie selbst kraft der erteilten Vollmacht besorgen. Sie ist auch bevollmächtigt, sich selbst oder andere Personen zum Geschäftsführer zu bestellen oder Prokura zu erteilen und dies beim Handelsregister anzumelden.

Sollte ich auf Dauer (d. h. mindestens drei Jahre) nicht in der Lage sein, das Unternehmen selbst weiter zu führen, so kann eine Veräußerung oder Liquidation erfolgen. Dabei hat der Bevollmächtigte allem voran eine Veräußerung anzustreben, bevor eine Liquidation erfolgt. Der Bevollmächtigte hat zuvor den Anwalt und den Steuerberater bzw. Wirtschaftsprüfer des Unternehmens zu Rate zu ziehen. Insgesamt entscheidet er jedoch nach seinem billigen Ermessen.

Nach all dem bevollmächtige ich hiermit den o. g. Vollmachtnehmer

- zur Wahrnehmung meiner Gesellschafterrechte in der ... (GmbH/GmbH & Co. KG),
- zur Bestellung eines Geschäftsführers oder Prokuristen, wobei er sich auch selbst bestellen darf,
- zur Umwandlung der Rechtsform des Unternehmens,
- zur Veräußerung oder Liquidation des Unternehmens, sofern dies wirtschaftlich notwendig ist. Die Notwendigkeit ist vom Steuerberater und Wirtschaftsprüfer des Unternehmers zuvor zu bestätigen.

Handlungsanweisung und Vollmacht des Mitgesellschafters

Sollte ich unfall- oder krankheitsbedingt nicht in der Lage sein, meine Gesellschafterrechte in der ... weiterhin auszuüben, so hat die von mir bevollmächtigte Person für die Wahrnehmung meiner Gesellschafterrechte Sorge zu tragen. Dies kann sie selbst kraft der erteilten Vollmacht besorgen. Sie ist auch bevollmächtigt, sich selbst oder andere Personen zum Geschäftsführer zu bestellen oder Prokura zu erteilen und dies beim Handelsregister anzumelden.

Nach all dem bevollmächtige ich hiermit den o. g. Vollmachtnehmer

- zur Wahrnehmung meiner Gesellschafterrechte in der ... (GmbH/GmbH & Co. KG),
- zur Vertretung in Gesellschafterversammlungen,
- zur Beschlussfassung über alle Angelegenheiten, über die die anderen Gesellschafter Beschlüsse fassen.

Warum brauche ich eine Patientenverfügung?

Unter einer Patientenverfügung versteht man eine Anweisung an die Ärzte, worin jede Person bestimmen kann, welche Behandlungsmethoden sie im Notfall wünscht oder nicht (z. B. keine lebenserhaltende Apparatemedizin; keine Wiederbelebung, wenn damit eine Schädigung des Gehirns verbunden ist oder aber der Einsatz bewusstseinsverändernder Schmerzmitteln nötig wird). Es gibt jedoch bis dato noch keinen grundsätzlichen Rechtsanspruch auf die Umsetzung einer Patientenverfügung.

Häufig genügt die Willenserklärung alleine nicht den notwendigen Anforderungen. Doch selbst wenn man eines der im Handel und Internet befindlichen zahlreichen Formulare mit Patientenverfügungen benutzt, ist noch nicht gewährleistet, dass tatsächlich der Wunsch der Person, die die Verfügung abgefasst hat, befolgt werden muss. Das Bundesjustizministerium schätzt, dass ca. 70 Prozent der Formulare mangelhaft sind.

Typische falsche oder irreführende Formulierungen oder Begriffe sind z. B.:

- „Solange eine realistische Aussicht auf Erhaltung eines erträglichen Lebens besteht" oder
- „unwürdiges Dahinvegetieren",
- „Apparatemedizin" oder „qualvolles Leiden" bzw.
- „Ich lehne bei irreversibler Bewusstlosigkeit den Einsatz lebenserhaltender Maßnahmen ab" (ohne dabei klarzustellen, welche Art des Krankheitsbildes man gemeint hat)

Durch einen Beschluss des Bundesgerichtshofes vom 17.03.2003 wurde die Verbindlichkeit von Patientenverfügungen gestärkt, aber auch festgestellt, dass letztendlich dennoch ein Vormundschaftsrichter zu entscheiden hat, ob z. B. eine lebenserhaltende Maßnahme unterbleiben kann oder nicht.

Der Bundesgerichtshof führt aus:

„Ist ein Patient einwilligungsunfähig und hat sein Grundleiden einen irreversiblen tödlichen Verlauf angenommen, so müssen lebenserhaltende oder -verlängernde Maßnahmen unterbleiben, wenn dies seinem zuvor – etwa in Form einer sog. Patientenverfügung – geäußerten Willen entspricht."

Im Einzelnen bedeutet dies, dass Sie Ihren eigenen Willen sehr deutlich darlegen müssen, damit Dritte ihn auch befolgen können.

Allzu häufig werden vorformulierte Patientenverfügungen verwendet, ohne dass sich der Ausfüllende über die eigentlichen Folgen bewusst ist. In diesem Fall kann es vorkommen, dass an der Einsichtsfähigkeit des Verfügenden gezweifelt und die Patientenverfügung deshalb nicht beachtet wird.

Dies bedeutet: Zuallererst muss die Einsichts- und Urteilsfähigkeit der Person feststehen, die eine Patientenverfügung erstellt. Aus diesem Grunde ist es ratsam, sich eine Patientenverfügung vor der Unterzeichnung sowohl von einem Arzt als auch von einem versierten Anwalt erläutern zu lassen.

Bestätigung der Einwilligungs- und Urteilsfähigkeit

Um die Einwilligungs- und Urteilsfähigkeit nachzuweisen, bietet sich eine Bestätigung innerhalb der Patientenverfügung an. Sie können in die Verfügung aufnehmen, dass Sie in eingehenden Gesprächen über die medizinische und rechtliche Bedeutung und die Konsequenzen der Patientenverfügung unterrichtet und etwaige Fragen beantwortet wurden. Die Verfügung sollte dann noch mit Stempel und Unterschrift des aufklärenden Hausarztes bzw. des Rechtsanwalts versehen werden.

Erneuerung der Unterschrift

Darüber hinaus wird immer wieder empfohlen, die Unterschrift unter der Patientenverfügung regelmäßig zu erneuern, um die Aufrechterhaltung Ihres Willens zu bekräftigen. Doch auch hierbei gilt es einiges zu beachten:

Wenn Sie in einem Zustand, in dem Sie nicht mehr einsichtsfähig sind, Ihre Patientenverfügung durch erneute Unterschrift bekräftigen, zweifeln Juristen die Gültigkeit an.

Andererseits gibt es Stimmen, die sagen, dass die Verfügung nur dann wirksam sei, wenn sie immer wieder neu bekräftigt wird. Haben Sie also damit begonnen, die Verfügung jährlich durch erneute Unterschrift zu bekräftigen, sollten Sie dies auch fortführen. Oder Sie stellen durch folgende Formulierung klar, dass eine fehlende Bestätigung innerhalb eines bestimmten Zeitraums nicht die Distanzierung von der bisherigen Patientenverfügung zur Folge haben soll:

> „Vorsorglich möchte ich klarstellen, dass aus einer Änderung meiner gesundheitlichen Situation oder aus der nicht alle zwei Jahre erfolgten erneuten Bestätigung dieser Patientenverfügung nicht von vornherein geschlossen werden kann, dass ich die Erfüllung meiner hier niedergelegten Wünsche nicht mehr möchte. Eine Ausnahme davon gilt nur, wenn tatsächlich konkrete Anhaltspunkte für eine Änderung meines Willens vorliegen. Durch meine Bestätigung erfolgt im Übrigen keine Neuerstellung oder Abänderung der Verfügung."

Muss ich eine Form einhalten?

Eine bestimmte Form für die Patientenverfügung ist gesetzlich nicht festgelegt. Auf jeden Fall sollte sie zum besseren Nachweis des Willens schriftlich abgefasst und unterschrieben werden. Zudem bietet sich eine notarielle Beglaubigung der Unterschrift an.

Wie kann ich auf das Vorhandensein meiner Patientenverfügung aufmerksam machen?

Eine Patientenverfügung findet nur dann Beachtung, wenn Dritte von ihr Kenntnis haben. Im Unterschied zu einer Vorsorgevollmacht kann eine Patientenverfügung nicht bei einem Vorsorgeregister hinterlegt werden, sofern es sich ausschließlich um eine Patientenverfügung handelt. Hat man – wie üblich – eine Vorsorgevollmacht mit einer Patientenverfügung kombiniert, so kann diese Verfügung zusammen mit der Vorsorgevollmacht registriert werden. Das Formular finden Sie auf der beigefügten CD-ROM.

Des Weiteren bietet sich z. B. wie bei einem Organspendeausweis eine Hinweiskarte auf die Patientenverfügung in Größe einer Scheckkarte in Ihrem Portemonnaie an. Diese Karte sollte die Namen der Personen, die Sie in der Patientenverfügung aufgeführt haben, enthalten. Notieren Sie darauf auch deren Adresse und Telefonnummer, um eine schnelle Kontaktaufnahme zu ermöglichen.

Zudem sollten Sie Ihrem Hausarzt eine Kopie der Patientenverfügung übergeben. Weisen Sie auch bei einer Einlieferung ins Krankenhaus auf Ihre Patientenverfügung hin.

Kann ich eine Patientenverfügung widerrufen?

Wie eine Vorsorgevollmacht ist auch eine Patientenverfügung grundsätzlich frei widerruflich. Ein Widerruf kann formlos erfolgen, sollte aber wegen der Nachweisbarkeit schriftlich mit Zustellungsnachweis durchgeführt werden. Denken Sie jedoch daran, dass Sie eine Vollmacht nur dann selbst widerrufen können, wenn Sie dann noch geschäftsfähig sind.

Wenn ein Widerruf erfolgt, ist auf Folgendes zu achten:

- Lassen Sie sich die Patientenverfügung zurückgeben oder
- lassen Sie sich wenigstens eine schriftliche Erklärung geben, in der die Vollmacht für kraftlos erklärt wird.

Tun Sie dies nicht, bleibt wegen § 172 Abs. 2 BGB die Vertretungsmacht bestehen.

Sind Sie als Verfügender weder urteils- noch einsichtsfähig, so ist in der Praxis streitig, ob ein Widerruf tatsächlich wirksam erfolgen kann. Aus diesem Grunde sollten Sie eine Patientenverfügung mit Vorsorgevollmacht mit der Benennung eines Kontrollbevollmächtigten verbinden. Der Widerruf der Vollmacht und der Patientenverfügung kann dann durch den Kontrollbevollmächtigten erfolgen.

Was kann ich alles in einer Patientenverfügung regeln?

Mit einer Patientenverfügung können Sie erklären, welche Form der passiven Sterbehilfe Sie sich wünschen. Zudem können Sie regeln, welche Arten der medizinischen und pflegerischen Versorgung in bestimmten Situationen zugelassen oder ausgeschlossen werden sollen.

Die Beweggründe, die zur Abfassung einer Patientenverfügung führen, können sehr unterschiedlich sein. Eine Patientenverfügung ist nicht automatisch gleichbedeutend mit passiver Sterbehilfe. Vielmehr können Sie auch festhalten, dass Sie lebenserhaltende Maßnahmen ausdrücklich befürworten, und anordnen, dass Sie mit allen zur Verfügung stehenden Mitteln am Leben gehalten werden wollen.

Um es einmal deutlich auszusprechen: Sie müssen in der Patientenverfügung genau angeben, wie Sie sterben wollen oder gerade nicht sterben wollen. Sagen Sie also dem Arzt, was er tun soll, damit Sie sterben, oder wie Sie von ihm behandelt werden möchten.

Wenn Sie sich für passive Sterbehilfe entscheiden, stellt sich die Frage nach der zulässigen Reichweite. Als Grundsatz gilt, dass regelmäßig alles erlaubt ist, was dem Patientenwillen entspricht. Aktive Sterbehilfe ist allerdings verboten, z. B.

- die aktive Tötung einer Person (vgl. § 211 ff. StGB – Mord, Totschlag) sowie
- Tötung auf Verlangen gem. § 216 StGB bzw.
- die unterlassene Hilfeleistung gem. § 323c StGB.

Haben Sie eine gültige Patientenverfügung hinterlassen, so liegt kein tatbestandsmäßiges Unterlassen einer Hilfeleistung vor, wenn z. B. keine weiteren Versorgungsmaßnahmen (Anschließen an Herz-Lungen-Maschine) erfolgen. Dann wird das Sterben lediglich zugelassen.

Zulässige aktive Sterbehilfe liegt hingegen vor, wenn bewusst und gewollt bei der Selbsttötung Hilfe geleistet wird, wobei der Helfer jedoch die letzte Handlung, die zum Tode führt, selbst nicht ausführen darf. Wird dies beachtet, liegt eine erlaubte Beihilfe zur Selbsttötung vor. Aus standesrechtlichen Gründen dürfen allerdings Ärzte keine derartige Beihilfe leisten.

Wenn eine palliativmedizinische Behandlung (z. B. intensive Schmerzbehandlungen im Rahmen einer Krebsbehandlung) durchgeführt wird, kann es dabei zu einer Lebensverkürzung kommen. In derartigen Fällen spricht man von ungewollter indirekter aktiver Sterbehilfe, die ebenfalls zulässig ist. Dabei handelt es sich um ungewollte und meistens sogar unvermeidbare Nebenwirkungen der Therapie, die vom Arzt billigend in Kauf genommen werden.

Von der aktiven Sterbehilfe ist die passive Sterbehilfe zu unterscheiden. Diese kann folgende Formen haben:

- Unterlassen von lebensverlängernden Maßnahmen und
- Sterbebegleitung.

Das Abschalten einer Beatmungsmaschine oder die Entfernung einer PEG-Sonde zur Ernährung ist trotz Aktivwerdens eines Arztes rechtlich betrachtet passive und keine aktive Sterbehilfe. Voraussetzung für passive Sterbehilfe ist also, dass der Prozess des Sterbens bereits in Gang ist.

Der behandelnde Arzt kann somit bei entsprechender medizinischer Indikation auch ohne Vorliegen einer Patientenverfügung von einer lebensverlängernden oder -erhaltenden Behandlung absehen und sein Handeln auf die Sterbebegleitung reduzieren. Allerdings muss der tatsächliche Wille des Patients vom Arzt beachtet werden! Hat dieser seinen Willen nicht geäußert oder kann er den Willen nicht mehr äußern, darf der Arzt hier passive Sterbehilfe leisten.

Die Praxisrelevanz einer Patientenverfügung zeigt sich vor allem in den Fällen, in denen der Sterbevorgang noch nicht eingesetzt hat und lebenserhaltende Maßnahmen medizinisch indiziert sind. Ohne geäußerten Willen des Patients darf hier der Arzt keine passive Sterbehilfe leisten.

Des Weiteren gibt es Fälle, in denen zwar der Sterbeprozess noch nicht begonnen hat, aber nach ärztlicher Erkenntnis aller Voraussicht nach der Patient in absehbarer Zeit – wie z. B. bei einer Krebserkrankung oder HIV im Endstadium – sterben wird. Dann spricht man von einer „infausten Prognose". Bei infausten Prognosen kann nach den Grundsätzen der Bundesärztekammer zur ärztlichen Sterbebegleitung eine Änderung des Therapieziels indiziert sein, wenn lebenserhaltende Maßnahmen das Leiden nur verlängern würden. Dies bedeutet, dass eine Änderung des Therapieziels – Sterbenlassen durch Unterlassen weiterer Maßnahmen – erfolgen kann, wenn dies dem Willen des Patients entspricht.

Wie sollte man eine Patientenverfügung aufbauen bzw. abfassen?

Die Frage, unter welchen äußeren Umständen man sterben möchte, ist die wohl persönlichste, die es gibt. Hierbei spielen die eigenen ethischen und moralischen Überzeugungen eine große Rolle. Deshalb sollten Sie an den Anfang Ihrer Patientenverfügung Ihre ethischen Wertvorstellungen und persönlichen Beweggründe stellen, die zum Abfassen der Patientenverfügung geführt haben. Diese Ausführungen dienen bei Zweifeln als Auslegungshilfe.

Zu bedenken ist, dass nicht alle denkbaren Fälle im Rahmen einer Patientenverfügung aufgenommen werden können. Dies gilt insbesondere für Krankheiten, deren Verlauf man nicht von vornherein abschätzen kann.

Das Bundesministerium der Justiz hat einige Textbausteine entwickelt und erläutert, die nachfolgend modifiziert dargestellt werden sollen:

Eine schriftliche Patientenverfügung sollte folgende Punkte umfassen – Kurzübersicht:
1. Eingangsformel unter Aufführung der eigenen Wertvorstellungen, die im Rahmen der Patientenverfügung beachtet werden sollen
2. Beispielhafte Situationen, für die die Verfügung gelten soll
3. Festlegungen zu Einleitung, Umfang oder Beendigung bestimmter ärztlicher Maßnahmen
Hierunter fallen insbesondere:
– Sollen lebenserhaltende Maßnahmen erfolgen?
– Soll eine Schmerz- und Symptombehandlung erfolgen?

- Soll künstliche Ernährung erfolgen?
- Soll künstliche Flüssigkeitszufuhr erfolgen?
- Sollen Wiederbelebungsmaßnahmen durchgeführt werden?
- Soll künstliche Beatmung erfolgen?
- Soll eine Dialyse durchgeführt werden?
- Sollen Antibiotika verabreicht werden?
- Darf Blut oder dürfen Blutbestandteile verabreicht werden?

4. Soll eine Organspende erfolgen?

5. Festlegung des Ortes der Behandlung sowie des gewünschten Beistandes

6. Aussagen zur Verbindlichkeit, zur Auslegung und Durchsetzung und zum Widerruf der Patientenverfügung

7. Hinweise auf weitere Vorsorgeverfügungen

8. Hinweis auf beigefügte Erläuterungen zur Patientenverfügung

9. Schlussformel mit Schlussbemerkungen

10. Information/Beratung

11. Hinweis auf ärztliche und/oder juristische Aufklärung sowie Bestätigung der Einwilligungsfähigkeit

12. Eventuelle Aktualisierung

Formulierungsbeispiele für einzelne Passagen einer Patientenverfügung:

1. Eingangsformel unter Aufführung der eigenen Wertvorstellungen, die im Rahmen der Patientenverfügung beachtet werden sollen

Patientenverfügung

Ich, ... (Vorname, Name), geboren am ..., derzeit wohnhaft in ...

verfasse hiermit nachfolgend eine Patientenverfügung, die von jedermann zu beachten ist.

Vorab möchte ich meine Wertvorstellungen niederlegen, die in Zweifelsfragen als Auslegungs- und Entscheidungshilfe dienen sollen.

...

Dabei handelt es sich nicht um konkrete Anweisungen. Ausschlaggebend sollen die nachfolgenden Anweisungen sein.

Ich bestimme hiermit für den Fall, dass ich meinen Willen nicht mehr bilden oder verständlich äußern kann, Folgendes: ...

Erläuterung BMJ:

Bevor Sie Ihre Wertvorstellungen niederlegen, sollten Sie darüber nachdenken, was Ihnen wirklich wichtig ist. Unter Wertvorstellungen kann man auch die eigene Lebenseinstellung verstehen.

In dieser Passage können Sie Erfahrungen, die Sie bspw. beim Tod oder Sterbeprozess eines anderen Menschen gemacht haben, aufzeichnen und deutlich machen, wie gehandelt werden soll, wenn Sie in eine ähnliche Situation kommen. Beantworten Sie sich z. B. auch selbst die Frage, ob Ihnen die Lebensqualität wichtiger ist als die Lebensdauer, wenn beides nicht in gleichem Umfang zu erreichen ist. An diese Stelle gehören zudem etwaige religiöse Überzeugungen, die zu achten sind.

2. Beispielhafte Situationen, für die die Verfügung gelten soll

Wenn

– ich mich aller Wahrscheinlichkeit nach unabwendbar im unmittelbaren Sterbeprozess befinde, ...

– ich mich im Endstadium einer unheilbaren, tödlich verlaufenden Krankheit befinde, selbst wenn der Todeszeitpunkt noch nicht absehbar ist, ...

– infolge einer Gehirnschädigung meine Fähigkeit, Einsichten zu gewinnen, Entscheidungen zu treffen und mit anderen Menschen in Kontakt zu treten, nach Einschätzung zweier erfahrener Ärztinnen oder Ärzte (können namentlich benannt werden) aller Wahrscheinlichkeit nach unwiederbringlich erloschen ist, selbst wenn der Todeszeitpunkt noch nicht absehbar ist. Dies gilt für direkte Gehirnschädigung z. B. durch Unfall, Schlaganfall oder Entzündung ebenso wie für indirekte Gehirnschädigung z. B. nach Wiederbelebung, Schock oder Lungenversagen. Es ist mir bewusst, dass in solchen Situationen die Fähigkeit zu Empfindungen erhalten sein kann und dass ein Aufwachen aus diesem Zustand nicht ganz sicher auszuschließen, aber unwahrscheinlich ist, ...

Erläuterung des Bundesministeriums der Justiz (BMJ):

Der dritte Punkt betrifft nur Gehirnschädigungen mit dem Verlust der Fähigkeit, Einsichten zu gewinnen, Entscheidungen zu treffen und mit anderen Menschen in Kontakt zu treten. Es handelt sich dabei häufig um Zustände von Dauerbewusstlosigkeit oder um wachkomaähnliche Krankheitsbilder, die mit einem vollständigen oder weitgehenden Ausfall der Großhirnfunktionen einhergehen. Diese Patientinnen oder Patienten sind unfähig zu bewusstem Denken, zu gezielten Bewegungen oder zur Kontaktaufnahme mit anderen Menschen, während lebenswichtige Körperfunktionen wie Atmung, Darm- oder Nierentätigkeit erhalten sind, wie auch möglicherweise die Fähigkeit zu Empfindungen. Wachkoma-Patienten sind bettlägerig, pflegebedürftig und müssen künstlich mit Nahrung und Flüssigkeit versorgt werden. In seltenen Fällen können sich auch bei ihnen nach mehreren Jahren noch günstige Entwicklungen einstellen, die ein weitgehend eigenständiges Leben erlauben. Eine sichere Voraussage, ob die betroffene Person zu diesen wenigen gehören wird oder zur Mehrzahl derer, die ihr Leben lang als Pflegefall betreut werden müssen, ist bislang nicht möglich.

– ich infolge eines weit fortgeschrittenen Hirnabbauprozesses (z. B. bei Demenzerkrankung) auch mit ausdauernder Hilfestellung nicht mehr in der Lage bin, Nahrung und Flüssigkeit auf natürliche Weise zu mir zu nehmen, ...

Erläuterung BMJ:

Dieser Punkt betrifft Gehirnschädigungen infolge eines weit fortgeschrittenen Hirnabbauprozesses, wie sie am häufigsten bei Demenzerkrankungen (z. B. Alzheimersche Erkrankung) eintreten. Im Verlauf der Erkrankung werden die Patienten zunehmend unfähiger, Einsichten zu gewinnen und mit ihrer Umwelt verbal zu kommunizieren, während die Fähigkeit zu Empfindungen erhalten bleibt. Im Spätstadium erkennt der Kranke selbst nahe Angehörige nicht mehr und ist schließlich auch nicht mehr in der

Lage, trotz Hilfestellung Nahrung und Flüssigkeit auf natürliche Weise zu sich zu nehmen.

— Eigene Beschreibung der Anwendungssituation:

Wichtig:

Hier sollten Sie nur Situationen beschreiben, die mit einer Einwilligungsunfähigkeit einhergehen können.

3. Festlegungen zu Einleitung, Umfang oder Beendigung bestimmter ärztlicher Maßnahmen

Lebenserhaltende Maßnahmen

In den oben beschriebenen Situationen wünsche ich,

- dass alles medizinisch Mögliche getan wird, um mich am Leben zu erhalten und meine Beschwerden zu lindern,
- auch fremde Gewebe und Organe zu erhalten, wenn dadurch mein Leben verlängert werden könnte.

ODER

- dass alle lebenserhaltenden Maßnahmen unterlassen werden. Hunger und Durst sollen auf natürliche Weise gestillt werden, gegebenenfalls mit Hilfe bei der Nahrungs- und Flüssigkeitsaufnahme. Ich wünsche fachgerechte Pflege von Mund und Schleimhäuten sowie menschenwürdige Unterbringung, Zuwendung, Körperpflege und das Lindern von Schmerzen, Atemnot, Übelkeit, Angst, Unruhe und anderer belastender Symptome.

Schmerz- und Symptombehandlung

In den oben beschriebenen Situationen wünsche ich eine fachgerechte Schmerz- und Symptombehandlung,

- aber keine bewusstseinsdämpfenden Mittel zur Schmerz- und Symptombehandlung.

ODER

- wenn alle sonstigen medizinischen Möglichkeiten zur Schmerz- und Symptomkontrolle versagen, auch bewusstseinsdämpfende Mittel zur Beschwerdelinderung.
- Die unwahrscheinliche Möglichkeit einer ungewollten Verkürzung meiner Lebenszeit durch schmerz- und symptomlindernde Maßnahmen nehme ich in Kauf.

Erläuterung BMJ:

Eine fachgerechte lindernde Behandlung einschließlich der Gabe von Morphin wirkt in der Regel nicht lebensverkürzend. Nur in Extremsituationen kann gelegentlich die zur Symptomkontrolle notwendige Dosis von Schmerz- und Beruhigungsmitteln so hoch sein, dass eine geringe Lebenszeitverkürzung die Folge sein kann (erlaubte sog. indirekte Sterbehilfe).

Künstliche Ernährung

In den oben beschriebenen Situationen wünsche ich,

– dass eine künstliche Ernährung begonnen oder weitergeführt wird.

ODER

– dass keine künstliche Ernährung, unabhängig von der Form der künstlichen Zuführung der Nahrung (z. B. Magensonde durch Mund, Nase oder Bauchdecke, venöse Zugänge), erfolgt.

Erläuterung BMJ:

Das Stillen von Hunger und Durst als subjektive Empfindungen gehört zu jeder lindernden Therapie. Viele schwer kranke Menschen haben allerdings kein Hungergefühl; dies gilt praktisch ausnahmslos für Sterbende und wahrscheinlich auch für Wachkoma-Patienten.

Künstliche Flüssigkeitszufuhr

In den oben beschriebenen Situationen wünsche ich

– eine künstliche Flüssigkeitszufuhr.

ODER

– die Reduzierung künstlicher Flüssigkeitszufuhr nach ärztlichem Ermessen.

ODER

– die Unterlassung jeglicher künstlicher Flüssigkeitszufuhr.

Erläuterung BMJ:

Das Durstgefühl ist bei Schwerkranken zwar länger als das Hungergefühl vorhanden, aber künstliche Flüssigkeitsgabe hat nur sehr begrenzten Einfluss darauf. Viel besser kann das Durstgefühl durch Anfeuchten der Atemluft und durch fachgerechte Mundpflege gelindert werden. Die Zufuhr großer Flüssigkeitsmengen bei Sterbenden kann schädlich sein, weil sie u. a. zu Atemnotzuständen infolge von Wasseransammlung in der Lunge führen kann.

Wiederbelebung

A. In den oben beschriebenen Situationen wünsche ich

– in jedem Fall Versuche der Wiederbelebung.

ODER

– die Unterlassung von Versuchen zur Wiederbelebung.
– dass der Notarzt nicht verständigt wird bzw. dass ein ggf. hinzugezogener Notarzt unverzüglich über meine Ablehnung von Wiederbelebungsmaßnahmen informiert wird.

B. Nicht nur in den oben beschriebenen Situationen, sondern in allen Fällen eines Kreislaufstillstands oder Atemversagens

– lehne ich Wiederbelebungsmaßnahmen ab.

ODER

– lehne ich Wiederbelebungsmaßnahmen ab, sofern diese Situationen nicht im Rahmen medizinischer Maßnahmen unerwartet eintreten.

Erläuterung BMJ:

Viele medizinische Maßnahmen können sowohl Leiden vermindern als auch Leben verlängern. Das hängt von der jeweiligen Situation ab. Wiederbelebungsmaßnahmen sind nicht leidensmindernd, sondern dienen der Lebenserhaltung. Gelegentlich kann es im Rahmen geplanter medizinischer Eingriffe (z. B. Operationen) zu kurzfristigen Problemen kommen, die sich durch Wiederbelebungsmaßnahmen ohne Folgeschäden beheben lassen.

Künstliche Beatmung

In den oben beschriebenen Situationen wünsche ich

– eine künstliche Beatmung, falls dies mein Leben verlängern kann.

ODER

– dass keine künstliche Beatmung durchgeführt bzw. eine schon eingeleitete Beatmung eingestellt wird, unter der Voraussetzung, dass ich Medikamente zur Linderung der Luftnot erhalte. Die Möglichkeit einer Bewusstseinsdämpfung oder einer ungewollten Verkürzung meiner Lebenszeit durch diese Medikamente nehme ich in Kauf.

Dialyse

In den oben beschriebenen Situationen wünsche ich

– eine künstliche Blutwäsche (Dialyse), falls dies mein Leben verlängern kann.

ODER

– dass keine Dialyse durchgeführt bzw. eine schon eingeleitete Dialyse eingestellt wird.

Antibiotika

In den oben beschriebenen Situationen wünsche ich

– Antibiotika, falls diese mein Leben verlängern können.

ODER

– Antibiotika nur zur Linderung meiner Beschwerden.

Blut/Blutbestandteile

In den oben beschriebenen Situationen wünsche ich

– die Gabe von Blut oder Blutbestandteilen, falls dies mein Leben verlängern kann.

ODER

– die Gabe von Blut oder Blutbestandteilen nur zur Linderung meiner Beschwerden.

---

4. Organspende

Ich stimme einer Entnahme meiner Organe nach meinem Tod zu Transplantationszwecken zu (ggf.: Ich habe einen Organspendeausweis ausgefüllt). Komme ich nach ärztlicher Beurteilung bei einem sich abzeichnenden Hirntod als Organspender in Betracht und müssen dafür ärztliche Maßnahmen durchgeführt werden, die ich in meiner Patientenverfügung ausgeschlossen habe, dann
(Alternativen)

– geht die von mir erklärte Bereitschaft zur Organspende vor.
– gehen die Bestimmungen in meiner Patientenverfügung vor.

ODER

Ich lehne eine Entnahme meiner Organe nach meinem Tod zu Transplantationszwecken ab.

---

5. Ort der Behandlung, Beistand

Ich möchte

– zum Sterben ins Krankenhaus verlegt werden.

ODER

– wenn irgend möglich zu Hause bzw. in vertrauter Umgebung sterben.

ODER

– wenn möglich in einem Hospiz sterben.

Ich möchte

– Beistand durch folgende Personen:

_____

_____

– Beistand durch eine Vertreterin oder einen Vertreter folgender Kirche oder Weltanschauungsgemein-schaft:

_____

– hospizlichen Beistand.

6. Aussagen zur Verbindlichkeit, zur Auslegung und Durchsetzung und zum Widerruf der Patientenverfügung

Ich erwarte, dass der in meiner Patientenverfügung geäußerte Wille zu bestimmten ärztlichen und pflege-rischen Maßnahmen von den behandelnden Ärztinnen und Ärzten und dem Behandlungsteam befolgt wird. Mein(e) Vertreter(in) – z. B. Bevollmächtigte(r)/Betreuer(in) – soll dafür Sorge tragen, dass mein Wille durchgesetzt wird.

Sollte eine Ärztin oder ein Arzt oder das Behandlungsteam nicht bereit sein, meinen in dieser Patienten-verfügung geäußerten Willen zu befolgen, erwarte ich, dass für eine anderweitige medizinische und/oder pflegerische Behandlung gesorgt wird. Von meiner Vertreterin/meinem Vertreter (z. B. Bevollmächtigte(r)/Betreuer(in)) erwarte ich, dass sie/er die weitere Behandlung so organisiert, dass meinem Willen entspro-chen wird.

In Situationen, die in dieser Patientenverfügung nicht konkret geregelt sind, ist mein mutmaßlicher Wille möglichst im Konsens aller Beteiligten zu ermitteln. Dafür soll diese Patientenverfügung als Richtschnur maßgeblich sein. Die letzte Entscheidung über anzuwendende oder zu unterlassende ärztliche/pflegerische Maßnahmen liegt bei:

(Alternativen)

– meiner/meinem Bevollmächtigten.
– meiner Betreuerin/meinem Betreuer.
– der behandelnden Ärztin oder dem behandelnden Arzt.

Wenn ich meine Patientenverfügung nicht widerrufen habe, wünsche ich nicht, dass mir in der konkreten Anwendungssituation eine Änderung meines Willens unterstellt wird. Wenn aber die behandelnden Ärztin-nen und Ärzte/das Behandlungsteam/mein(e) Bevollmächtigte(r)/Betreuer(in) aufgrund meiner Gesten, Blicke oder anderer Äußerungen von meiner Seite die Auffassung vertreten, dass ich entgegen den Festle-gungen in meiner Patientenverfügung doch behandelt oder nicht behandelt werden möchte, dann ist möglichst im Konsens aller Beteiligten zu ermitteln, ob die Festlegungen in meiner Patientenverfügung noch meinem aktuellen Willen entsprechen. Die letzte Entscheidung über anzuwendende oder zu unter-lassende ärztliche/pflegerische Maßnahmen liegt bei:

(Alternativen)

– meiner/meinem Bevollmächtigten.
– meiner Betreuerin/meinem Betreuer.
– der behandelnden Ärztin oder dem behandelnden Arzt.

7. Hinweise auf weitere Vorsorgeverfügungen

Ich habe zusätzlich zur Patientenverfügung eine Vorsorgevollmacht für Gesundheitsangelegenheiten erteilt und den Inhalt dieser Patientenverfügung mit der von mir bevollmächtigten Person besprochen:

Bevollmächtigte(r)

Name:_____

Anschrift:_____

Telefon:_____ Telefax:_____

Ich habe eine Betreuungsverfügung zur Auswahl des Betreuers erstellt (ggf.: und den Inhalt dieser Patientenverfügung mit der/dem von mir gewünschten Betreuerin/Betreuer besprochen).

Gewünschte(r) Betreuerin/Betreuer

Name:_____

Anschrift:_____

Telefon:_____ Telefax:_____

Ich habe einen Notfallbogen ausgefüllt, den auch meine Hausärztin/mein Hausarzt bestätigt hat.

Erläuterung BMJ:

Der Notfallbogen versteht sich als „komprimierte Patientenverfügung" für die Entscheidungssituation des Notarztes bei Herz-Kreislauf-Stillstand. Der Patient dokumentiert mit einem Notfallbogen seine Zustimmung zur oder Ablehnung der Herz-Lungen-Wiederbelebung ggf. in Ergänzung einer Patientenverfügung. Der Notfallbogen kann nur nach dokumentierter ärztlicher Aufklärung vom Patienten unterzeichnet (und ggf. von der Pflegeeinrichtung gegengezeichnet) werden und bringt den erklärten Willen des Patienten in einer besonderen Situation zum Ausdruck

8. Hinweis auf beigefügte Erläuterungen zur Patientenverfügung

Als Interpretationshilfe zu meiner Patientenverfügung habe ich beigelegt:
– Darstellung meiner allgemeinen Wertvorstellungen.
– Sonstige Unterlagen, die ich für wichtig erachte: ...

9. Schlussformel

Soweit ich bestimmte Behandlungen wünsche oder ablehne, verzichte ich ausdrücklich auf eine (weitere) ärztliche Aufklärung.

10. Schlussbemerkungen

– Mir ist die Möglichkeit der Änderung und des Widerrufs einer Patientenverfügung bekannt.
– Ich bin mir des Inhalts und der Konsequenzen meiner darin getroffenen Entscheidungen bewusst.
– Ich habe die Patientenverfügung in eigener Verantwortung und ohne äußeren Druck erstellt.
– Ich bin im Vollbesitz meiner geistigen Kräfte.

11. Information/Beratung

Ich habe mich vor der Erstellung dieser Patientenverfügung informiert
bei/durch_____ und beraten lassen
durch_____

12. Ärztliche Aufklärung/Bestätigung der Einwilligungsfähigkeit

Herr/Frau_____

wurde von mir am_____

bzgl. der möglichen Folgen dieser Patientenverfügung aufgeklärt.

Er/sie war in vollem Umfang einwilligungsfähig.

Datum_____

Unterschrift, Stempel der Ärztin/des Arztes_____

_____

Die Einwilligungsfähigkeit kann auch durch eine Notarin oder einen Notar bestätigt werden.

13. Aktualisierung

Diese Patientenverfügung gilt so lange, bis ich sie widerrufe.

ODER

Vorsorglich möchte ich klarstellen, dass aus einer Änderung meiner gesundheitlichen Situation oder einer nicht innerhalb von zwei Jahren erfolgten erneuten Bestätigung dieser Patientenverfügung nicht von vornherein geschlossen werden kann, dass ich die Durchführung meiner in dieser Patientenverfügung niedergelegten Wünsche nicht mehr wünsche. Eine Ausnahme davon gilt nur, wenn tatsächlich konkrete Anhaltspunkte für eine Änderung meines Willens vorliegen.

Diese Patientenverfügung soll nach Ablauf von (Zeitangabe) ihre Gültigkeit verlieren, es sei denn, dass ich sie durch meine Unterschrift erneut bekräftige.

Um meinen in der Patientenverfügung niedergelegten Willen zu bekräftigen, bestätige ich diesen nachstehend:

(Alternativen)

– in vollem Umfang.
– mit folgenden Änderungen:

_____

_____

Datum_____

Unterschrift_____

Vormundschaftliche Genehmigung

Der BGH hat in einem Beschluss vom 10.04.2003 (Az.: XII ZB 2/03) entschieden, dass die vormundschaftsgerichtliche Genehmigung trotz eines Patiententestaments, das die Zustimmung zu lebensbeendenden Maßnahmen in bestimmten Fällen erteilt, in jedem Fall eingeholt werden muss, bevor solche Maßnahmen getroffen werden. Das Vormundschaftsgericht muss bei seiner Entscheidung jedoch den Willen des Patienten auch dann noch respektieren, wenn der Patient trotz Bewusstlosigkeit zu eigenverantwortlichen Entscheidungen nicht mehr in der Lage ist.

Zusammenfassend ist somit Folgendes bei der Abfassung einer Patientenverfügung zu beachten:

Abfassen einer Patientenverfügung

■ Fassen Sie eine Patientenverfügung grundsätzlich handschriftlich ab, wobei Sie ohne weiteres auf Vordrucke zurückgreifen können. Für Dritte beinhaltet eine handschriftlich verfasste Verfügung immer auch ein wichtiges Indiz: nämlich dass der Verfasser sich mit jedem einzelnen Satz, den er geschrieben hat, inhaltlich auseinander gesetzt hat. Sofern Sie den auf der CD-ROM befindlichen Formulierungsvorschlag berücksichtigen wollen, müssen Sie diesen nicht abschreiben, da dieser einen Hinweis erhält, dass Sie sich über den Inhalt erkundigt haben!

■ Besprechen Sie auf jeden Fall den gewünschten Inhalt Ihrer Verfügung mit Ihrem Hausarzt und/oder Rechtsanwalt/Notar und lassen Sie sich von diesen Personen über die Folgen Ihrer Wünsche genau aufklären. Günstig ist es, wenn der Arzt und/oder Rechtsanwalt in Ihrer Verfügung bestätigt, dass er mit Ihnen über alle wesentlichen Punkte gesprochen und Sie aufgeklärt hat.

■ Stellen Sie klar, dass Sie keine aktive Sterbehilfe verlangen.

■ Sorgen Sie dafür, dass die Verfügung auch gefunden werden kann. Aus diesem Grunde sollten Sie z. B. einen Hinweis in Ihrem Portemonnaie o. Ä. aufbewahren und ggf. Ihrem Hausarzt oder Dritten eine Kopie Ihrer Patientenverfügung übergeben.

■ Veheimlichen Sie nichts und sprechen Sie offen mit Ihrer Familie über die Patientenverfügung und wo Sie diese aufbewahren.

■ Erklären Sie vorsorglich nach Ablauf eines längeren Zeitraums (z. B. zwei Jahre), dass Ihre Verfügung weiter gelten soll. Machen Sie dabei aber auch deutlich, dass die Verfügung auch ohne weitere Bestätigung beachtet werden muss.

■ Damit keine Zweifel über die Urheberschaft auftreten, können Sie Ihre Unterschrift von Zeugen bestätigen oder von einem Notar beglaubigen lassen.

Was ist eine Betreuungsverfügung?

Statt einer Vorsorgevollmacht mit weit reichenden Bevollmächtigungen für den Vermögens- und/oder Gesundheitsbereich können Sie auch lediglich eine Betreuungsverfügung verfassen.

Durch eine Betreuungsverfügung können Sie beeinflussen, wer vom Vormundschaftsgericht zum Betreuer bestellt wird. Aufgrund des Gesetzes (§ 1897 Abs. 4 BGB) hat nämlich das Vormundschaftsgericht bei der Bestellung eines Betreuers derartige vorab geäußerte und ausdrücklich erklärte Wünsche und Vorschläge zu beachten.

Zentrale Registrierung

Inzwischen können Betreuungsverfügungen zentral bei der Bundesnotarkammer registriert werden. Vor Bestellung eines Betreuers prüft jetzt das Gericht durch Anfrage, ob eine Betreuungsverfügung vorliegt, damit diese Beachtung finden kann.

Wie oben bereits bei der Vorsorgevollmacht beschrieben, kann nach § 1896 Abs. 1 Satz 1 BGB das Vormundschaftsgericht auf Antrag oder von Amts wegen für den Fall, dass durch unvorhergesehene Ereignisse, z. B. einen Unfall oder eine schwere Krankheit, eine Person ihre persönlichen Angelegenheiten aufgrund von körperlicher, psychischer oder seelischer Behinderung ganz oder teilweise selbst nicht mehr besorgen kann, einen Betreuer bestellen. Häufig wird eine völlig familienfremde Person, meist ein Berufsbetreuer, bestellt. Dies können Sie durch eine Betreuungsverfügung verhindern.

Haben Sie durch eine Betreuungsverfügung bestimmt, wer für solche Fälle zu bestellen ist, hat das Vormundschaftsgericht diese vorab geäußerten und ausdrücklich erklärten Wünsche und Vorschläge zu beachten (§ 1897 Abs. 4 BGB). Weitere Voraussetzung ist allerdings, dass die ausgewählte Person das Amt des Betreuers auch annimmt. Dritte können im Übrigen die Eignung des potenziellen Betreuers im Wege der Rechtsbeschwerde überprüfen lassen.

Dem Vorschlag wird immer dann entsprochen, wenn dies dem Wohl des Verfügenden nicht widerspricht (§§ 1897 Abs. 1, 3 BGB).

Eine Betreuungsverfügung muss aber nicht immer verbindlich sein (vgl. die Ausnahmen in §§ 1904, 1906, 1907, 1908i BGB). Wegen der Verfügungen in Bezug auf ärztliche Maßnahmen nach Maßgabe des § 1904 BGB sollte unbedingt eine gesonderte Patientenverfügung gefertigt werden. Hierdurch wird gewährleistet, dass Ihre Wünsche überhaupt berücksichtigt werden.

Wegen § 1901 Abs. 1, 3 BGB hat der Betreuer die geäußerten Wünsche und Verfügungen des Betreuten zu beachten, sofern sein Aufgabenkreis betroffen ist. Der Betreuer unterliegt jedoch unter bestimmten Voraussetzungen der Kontrolle des Vormundschaftsgerichts. Er hat durch die Bestellung wegen § 1902 BGB die Stellung eines gesetzlichen Vertreters. Insbesondere kann er für bestimmte Bereiche die Vertretungsmacht haben, wohingegen bei verbleibender übriger Geschäftsfähigkeit des Betreuten ansonsten seine selbstständige Handlungsfähigkeit nach wie vor besteht. Mit

Aufhebung bzw. Entlassung des Betreuers ist die Vertretung nach § 1908b BGB beendet. Der Betreuer haftet gegenüber dem Betreuten für schuldhafte Pflichtverletzungen unmittelbar (vgl. § 1833 BGB i. V. m. § 1908i BGB).

Nach § 1901a BGB besteht eine Ablieferungspflicht an das Vormundschaftsgericht für diejenigen Personen, die Vorschläge zur Betreuung einer Person im Besitz haben oder davon Kenntnis erlangt haben. Dennoch sollte man zur Sicherheit von der Möglichkeit Gebrauch machen, die Betreuungsverfügung bei der Bundesnotarkammer zu melden, sodass das Gericht vom Bestehen der Verfügung auch Kenntnis erlangt.

Interessante Internetseiten rund um Vorsorgevollmachten, Patientenverfügungen und Betreuungen

- www.berufsbetreuer.de
  Informationen zur gesetzlichen Betreuung
- www.betreuer-netz.de
  Online-Lexikon Betreuungsrecht
- www.betreuungsrecht.de
  Einstieg ins Betreuungsrecht
- www.betreuungsrecht.info
  Online-Lexikon Betreuungsrecht
- www.betreuungsrecht.net
  Online-Lexikon Betreuungsrecht
- www.betreuungsrecht.org
  Internet-Portal für Betreuer
- www.medizinethik.de
  Informationen zu Medizinethik & Betreuungsrecht
- www.ruhr-uni-bochum.de/zme/lexikon
  Online-Lexikon Betreuungsrecht
- www.ruhr-uni-bochum.de/zme/ml-betreuungsrecht.htm
  Mailingliste Betreuungsrecht des Zentrums für medizinische Ethik an der Ruhr-Uni-Bochum
- www.vo-vo.de
  Vorsorgevollmacht.de – Rechtliches zum Thema Vorsorgevollmacht
- www.vgt-ev.de
  Vormundschaftsgerichtstag e. V.

Den nachfolgenden persönlichen Notfallausweis sollten Sie ausfüllen und bei sich tragen:

Mein persönlicher Notfallausweis

Für den Fall einer schweren Erkrankung, eines Unfalls und erkennbarer Beeinträchtigung meiner körperlichen/geistigen Leistungsfähigkeit weise ich von meiner Seite aus darauf hin, dass eine

( ) Patientenverfügung

( ) Vorsorgevollmacht/Betreuungsverfügung

bereits erstellt wurde. Diese Verfügungen/Vorgaben und Wünsche sollen von Ärzten, Pflegern und den Krankenhäusern/Pflegeeinrichtungen usw. beachtet werden.

Zu meiner Person:

Name und Geburtsdatum, derzeitige Anschrift/Telefonnr.:

_____

_____

Die vollständigen Schriftstücke sind hinterlegt bei/befinden sich:

_____

Eine Registrierung beim Zentralen Vorsorgeregister ist zusätzlich erfolgt: ( ) ja   ( ) nein

Weitere Hinweise: _____

Ich bin Organspender ( ) ja   ( ) nein

Im Notfall bitte unbedingt verständigen (Name, Telefon):

_____

_____

_____

(Ort, Datum, eigenhändige Unterschrift)

Was tun im Erbfall?

Trotz aller Trauer beim Tod eines Menschen ist die Einhaltung von Fristen und Formalitäten unumgänglich. Um z. B. einen Erbnachweis zu erhalten, muss zunächst der Tod der Person, die man beerben will, nachgewiesen werden. Auch Lebensversicherungen zahlen nur gegen Todesnachweis aus. Die nachfolgenden Kapitel sollen Ihnen wichtige Hinweise geben, was im Einzelnen nach dem Tod zu erledigen ist.

Zunächst sind bestimmte Fristen einzuhalten. Die nachfolgende Checkliste soll Ihnen dabei eine Hilfestellung geben:

Sofort	ja	nein
Testament beim Nachlassgericht abliefern	✓	
Todesfall beim Standesamt melden und Sterbeurkunden beantragen		
Binnen 48 Stunden nach dem Tod	**ja**	**nein**
Todesnachricht an Lebensversicherung	✓	
Todesnachricht an Unfallversicherung		
Abmeldung bei der Krankenkasse		
Hier müssen Sie unbedingt eine Sterbeurkunde der Nachricht/Abmeldung beifügen.		
Zeitnah zum Todesfall	**ja**	**nein**
Benachrichtigung aller Organisationen wie z. B. weitere private Versicherungen und Rentenstelle (unter Nennung der Rentenversicherungsnummer), bei denen finanzielle Ansprüche bestehen, z. B. – Berufsgenossenschaft, – betriebliche Unfallversicherung, – Rentenversicherung, – Hausratversicherung, – Haftpflichtversicherung, – Verbände und/oder Vereine, bei denen eine Mitgliedschaft des Verstorbenen bestand, – Mitteilung/ggf. Kündigung von Telefon, Versorgungen mit Strom, Wasser etc. Unbedingt Verträge prüfen, ob diese automatisch mit dem Tod enden, was nicht der Regelfall ist. Dann auf die vertraglichen Kündigungsfristen achten.	✓	
Innerhalb eines Monats nach Kenntniserlangung vom Todesfall	**ja**	**nein**
Anmeldung von Hinterbliebenenbezügen (ggf. unter Beantragung eines Vorschusses)	✓	
Geltendmachung des Eintrittsrechts in den Mietvertrag des Verstorbenen, sofern nicht automatisch erfolgt gem. § 563 BGB		
Kündigung des Mietverhältnisses, wenn man nicht weiter in der Wohnung des Verstorbenen leben will und nicht vom Eintrittsrecht nach § 563 BGB Gebrauch machen will.		

Innerhalb von sechs Wochen nach Kenntniserlangung von der Erbenstellung	ja	nein
Ausschlagung gegenüber dem Nachlassgericht, da andernfalls eine Annahme fingiert wird	✓	
Innerhalb von drei Monaten nach Kenntniserlangung vom Todesfall	**ja**	**nein**
Kündigung des Mietverhältnisses des Verstorbenen	✓	

Anwaltlichen Rat einholen

Die Auflistung führt nur einen kleinen Teil der Fristen auf, die ggf. von Erben o. Ä. zu beachten sind. Holen Sie sich daher vorsorglich immer anwaltlichen Rat, ob weitere Fristen, z. B. zur Begrenzung der Erbenhaftung, zu beachten sind.

Was muss ich nach einem Todesfall tun?

Wer stellt den Todesfall fest?

Ist ein Mensch gestorben, müssen zunächst vor der Bestattung der Todeszeitpunkt, die Todesart (natürlicher oder nicht natürlicher Tod) und die Todesursache von einem Arzt im Rahmen einer sog. Leichenschau festgestellt bzw. untersucht werden. Dadurch soll insbesondere die Bestattung von Scheintoten verhindert werden.

Die ärztliche Leichenschau ist in allen landesrechtlichen Bestattungsgesetzen geregelt. Danach ist grundsätzlich der Ehegatte, die volljährigen Kinder, Verwandte, Personenberechtigte und Betreuer sowie hierzu ermächtigte Behörden berechtigt und verpflichtet, eine Leichenschau zu verlangen.

Beim Tod zu Hause sollten Sie einen niedergelassenen Arzt benachrichtigen, denn er ist auf Verlangen zur Leichenschau verpflichtet. In Krankenhäusern kann jeder dort tätige Arzt die Leichenschau übernehmen. Dieser Arzt muss dann eine Todesbescheinigung und einen Leichenschauschein ausstellen. Zwar hat regelmäßig der Erbe die Kosten der Leichenschau zu tragen, doch übernehmen die Krankenkassen grundsätzlich die Kosten.

Wo bekomme ich eine Sterbeurkunde?

Anzeigepflicht beachten!

Ohne Totenschein und Sterbeurkunde kann keine Bestattung eingeleitet werden. Beide Urkunden sollten also umgehend besorgt werden.

Nach § 32 Personenstandsgesetz (PersStG) ist der Tod eines Menschen dem Standesbeamten, in dessen Bezirk der Mensch gestorben ist, spätestens am folgenden Werktag anzuzeigen. Dies bedeutet also, dass z. B. beim Tod im Krankenhaus oder bei Verkehrsunfällen nicht immer das Standesamt am Wohnort des Verstorbenen zuständig ist.

Nach § 33 Abs. 1 PersStG sind in dieser Reihenfolge folgende Personen für die Anzeige zuständig:

- das Familienhaupt, d. h. der überlebende Elternteil oder Ehegatte oder das jeweils älteste Kind,
- derjenige, in dessen Wohnung sich der Sterbefall ereignet hat,
- jede Person, die bei dem Tode zugegen war oder von dem Sterbefall aus eigener Kenntnis unterrichtet ist.

Verstirbt eine Person in einer öffentlichen Entbindungs-, Hebammen-, Krankenhaus und ähnlichen Institutionen ist gem. §§ 34, 18 PersStG der Leiter der betreffenden Anstalt oder der von der zuständigen Behörde ermächtigte Beamte oder Angestellte zu der Anzeige verpflichtet.

Eine Besonderheit ergibt sich aus § 9 Abs. 3 Infektionsschutzgesetz: Ist der Tote an einer übertragbaren Krankheit gestorben oder besteht ein entsprechender Verdacht, ist der Todesfall unverzüglich, spätestens innerhalb 24 Stunden, dem für den Aufenthalts- bzw. Sterbeort zuständigen Gesundheitsamt anzuzeigen.

Um eine Sterbeurkunde zu beantragen, benötigen Sie folgende Bescheinigungen:

Antrag einer Sterbeurkunde	ja	nein
Vorlage des Totenscheins	✓	
Heiratsurkunde (bzw. Familienstammbuch)		
Personalausweis des Verstorbenen		
ggf. Sterbeurkunde oder Todeserklärung für den bereits vorverstorbenen Ehegatten		
bei Geschiedenen zusätzlich Scheidungsurteil mit Rechtskraftvermerk (Fehlt ein Rechtskrafvermerk auf dem Scheidungsurteil, sollten Sie das Familiengericht, das die Scheidung ausgesprochen hat, anschreiben und um den Vermerk bitten. Hierfür muss das Scheidungsurteil im Original vorgelegt werden. Liegt es nicht vor, müssen Sie eine Neuausfertigung beantragen.		

Bestattungsunternehmen beauftragen

Sie können auch ein Bestattungsunternehmen mit der Beantragung einer Sterbeurkunde beauftragen, was jedoch zusätzlich Kosten verursacht.

Lassen Sie sich aber auf jeden Fall mehrere Ausfertigungen von der Sterbeurkunde aushändigen, da diese Urkunden bei der Abwicklung des Sterbefalls häufiger benötigt werden.

Was mache ich bei einem Todesfall im Ausland oder bei Auslandsbezug?

Der Sterbefall liegt bis zu sechs Monaten zurück

Wenn eine Person mit deutscher Staatsangehörigkeit außerhalb der Bundesrepublik Deutschland verstorben ist, so kann deren Tod binnen sechs Monaten mündlich oder schriftlich beim Standesamt I in Berlin direkt angezeigt werden. Hier die Adresse:

Standesamt I in Berlin
Rückerstraße 9
10119 Berlin
Tel: + 49 30 90 207-0
Fax: + 49 30 90 207-245
E-Mail: info@stand1.verwalt-berlin.de
(Nicht geeignet für Dokumente mit elektronischer Signatur)

Sofern man Personenstandsurkunden, also Geburts-, Heirats- oder Sterbeurkunden des Aufgabengebiets des Standesamts I in Berlin anfordern will, benötigt man unbedingt eine postalische Adresse, da Personenstandsurkunden nicht per E-Mail übersandt werden.

Voraussetzung für eine Sterbefallbeurkundung ist, dass der Verstorbene eindeutig identifiziert wurde bzw. ein unmittelbarer Zeuge in der Lage ist, eindeutige und glaubhafte Angaben über den Tod zu machen.

Dann sind folgende Unterlagen einzureichen:

- Geburtsurkunde oder Heiratsurkunde/Familienbuchabschrift,
- Meldebescheinigung mit Angabe der deutschen Staatsangehörigkeit,
- schriftliche Anzeige mit Nachweisen des Todes (ggf. eidesstattliche Versicherung; sofern vorhanden: ausländische Urkunde (mit Übersetzung, Identifizierungsbescheinigung, Leichenpass).

Folgende Personen können diese Anzeige tätigen:

- das Familienhaupt,
- die Person, in deren Wohnung sich der Sterbefall ereignet hat, oder
- jede andere Person, die beim Tod zugegen war oder über den Sterbefall aus eigenem Wissen unterrichtet ist, also den Toten gesehen hat.

Einen Antrag auf Erteilung einer Sterbeurkunde beim Standesamt I in Berlin finden Sie auf der beigefügten CD-ROM.

Der Sterbefall liegt bereits länger als sechs Monate zurück

Liegt der Auslandssterbefall bereits länger als sechs Monate zurück und wurde der Tod noch nicht beim Standesamt I in Berlin angezeigt oder lagen die Voraussetzungen für eine Anzeige nicht vor, so kann der Tod auf Anordnung der zuständigen Verwaltungsbehörde von einem Standesbeamten des Standesamts I in Berlin beurkundet werden, sofern der Tote Deutscher war.

Der Antrag auf Anordnung einer Sterbefallbeurkundung kann gestellt werden von:

- dem Ehegatten des/der Verstorbenen,
- den Vorfahren des/der Verstorbenen (Eltern usw.),
- den Abkömmlingen des/der Verstorbenen (Kinder usw.) oder
- Personen, die ein rechtliches Interesse glaubhaft machen.

Der Antrag auf Anordnung der Beurkundung ist zu stellen beim Standesamt des Wohnsitzes des Antragstellers oder, wenn dieser im Ausland oder in Berlin wohnt, wieder direkt beim Standesamt I in Berlin.

Einen Antrag auf Erteilung einer Geburts- oder Heiratsurkunde beim Standesamt I in Berlin finden Sie auf der beigefügten CD-ROM.

Was mache ich beim Auslandstod eines Staatenlosen, heimatlosen Ausländers, Asylberechtigten oder ausländischen Flüchtlings mit gewöhnlichem Aufenthalt in der Bundesrepublik Deutschland?

Sofern ein Staatenloser, heimatloser Ausländer, Asylberechtigter oder ausländischer Flüchtling mit gewöhnlichem Aufenthalt in der Bundesrepublik Deutschland außerhalb der Bundesrepublik Deutschland gestorben ist, erfolgt eine Beurkundung von einem Standesbeamten des Standesamts I in Berlin ausschließlich auf Anordnung der zuständigen Verwaltungsbehörde. Sie können also nicht selbst einen Beurkundungsantrag stellen. Hingegen haben Sie die Möglichkeit, die notwendige Beurkundungsanordnung zu beantragen, beim Standesamt des eigenen Wohnsitzes. Wenn Sie im Ausland oder in Berlin wohnen, stellen Sie den Antrag beim Standesamt I in Berlin. Antragsberechtigt sind:

- der Ehegatte des/der Verstorbenen,
- der oder die Vorfahre(n) des/der Verstorbenen, z. B. die Eltern oder Großeltern,
- die Abkömmlingen des/der Verstorbenen, z. B. die Kinder, worunter auch Adoptierte fallen, sowie
- Personen, die ein rechtliches Interesse glaubhaft machen.

Einen Antrag auf Erteilung einer Sterbeurkunde, einer Geburts- und Heiratsurkunde beim Standesamt I in Berlin finden Sie auf der beigefügten CD-ROM.

Wo melde ich Sterbefälle auf deutschen Seeschiffen?

Tritt der Sterbefall während der Reise auf einem Seeschiff, welches unter deutscher Flagge fährt, ein, ist wiederum das Standesamt I in Berlin für die Beurkundung des Todesfalls zuständig. Selbst wenn der Tod selbst nicht auf dem Schiff, sondern während eines Landgangs oder im Hafen eingetreten ist, ist das Standesamt I in Berlin zuständig.

Der Anzeigefpflichtige muss dem Schiffsführer den Tod spätestens am folgenden Tag anzeigen. Anzeigepflichtig sind

- das Familienhaupt sowie
- jede Person, die bei dem Tod zugegen war oder
- vom Sterbefall aus eigener Kenntnis unterrichtet ist.

Beendigt der zur Anzeige Verpflichtete seine Reise vor Ablauf dieser Frist, so muss die Anzeige noch auf dem Schiff erstattet werden.

Der Kapitän des Schiffes hat dann über die Todesmeldung eine Niederschrift aufzunehmen, die von ihm und vom Anzeigenden zu unterschreiben ist. Der Schiffsführer hat die Niederschrift und eine Abschrift der Niederschrift dem nächstmöglichen Seemannsamt zu übergeben. Dieses Seemannsamt übersendet die Niederschrift dem Standesbeamten des Standesamts I in Berlin.

Ist eine Person nicht auf einem Schiff unter deutscher Flagge verstorben oder ist sie nicht aufgefunden worden, so ist eine Beurkundung im Sterbebuch nicht möglich. Das gilt selbst dann, wenn der Tod in einem Seeamtsspruch festgestellt worden ist. Es gelten dann die Regelungen des Verschollenheitsgesetzes.

Auslandssterbefälle von Angehörigen der deutschen Bundeswehr

Sind Angehörige der deutschen Bundeswehr außerhalb der Bundesrepublik Deutschland ums Leben kommen, können derartige Sterbefälle ebenfalls auf Anzeige bzw. auf Anordnung der Verwaltungsbehörde beim Standesamt I in Berlin beurkundet werden.

Sozialberatungsstellen der Bundeswehr

Beim Tod eines Angehörigen der deutschen Bundeswehr sollten Sie die Sozialberatungsstellen der Bundeswehr kontaktieren. Diese unterstützen Sie in allen Belangen.

Was mache ich, wenn im Ausland Urkunden benötigt werden?

Deutsche Urkunden

Andere Länder, andere Formvorschriften. So werden im Ausland häufig deutsche öffentliche Urkunden nur dann anerkannt, wenn ihre Echtheit durch eine zuständige Vertretung des betreffenden ausländischen Staates in Deutschland bestätigt worden ist. Dieses Verfahren nennt man Legalisation, wofür in der Regel eine Vorbeglaubigung erforderlich ist. Die Legalisation entfällt jedoch, wenn dies durch internationale Vereinbarungen vorgesehen ist. Dies ist der Fall, wenn z. B. die Urkunde bereits mehrsprachig ist oder die Bundesrepublik Deutschland bilaterale Abkommen abgeschlossen hat wie z. B. mit Österreich oder der Schweiz.

Aufgrund des internationalen Abkommens, des Übereinkommens von Den Haag vom 05. Oktober 1961, muss die Legalisation jedoch häufig nicht durchgeführt werden. Es reicht dann eine so genannte Apostille. Darunter versteht man eine Unterschriftsbeglaubigung und Echtheitsbestätigung, die nach einem vereinbarten Muster erteilt wird.

Zuständig für die Beglaubigung deutscher öffentlicher Urkunden ist die Behörde des Bundeslandes, in dem die Urkunde ausgestellt worden ist.

> **Beglaubigungsbehörde**
>
> Erkundigen Sie sich im Vorfeld beim Urkundenaussteller nach der zuständigen Beglaubigungsbehörde.

Für Berliner Urkunden gilt eine Ausnahme. Hier ist für die Beglaubigung das Standesamt I in Berlin zuständig.

> **Land angeben**
>
> Sofern Sie Urkunden für eine Legalisation oder Apostille nicht persönlich überreichen, sondern per Post übersenden, sollten Sie unbedingt angeben, für welches Land Sie die Beglaubigung benötigen, damit die Besonderheiten dieses Landes berücksichtigt werden können.

Ausländische Urkunden

Legen Sie einem Standesbeamten eine ausländische öffentliche Urkunde vor und hat dieser Zweifel an der Echtheit der Urkunde, z. B. weil er die Zeichen auf der Urkunde nicht lesen kann, kann er verlangen, dass diese Urkunden legalisiert werden. Diese Legalisation erfolgt durch die zuständige Vertretung der Bundesrepublik Deutschland im Ausland. Die Legalisation kann aber nicht verlangt werden, wenn ein vereinfachtes Apostilleverfahren (siehe oben) vorgesehen ist.

Was mache ich, wenn eine Person verschollen ist?

Manchmal kann es passieren, dass eine Person einfach verschwunden ist und man davon ausgehen kann, dass diese Person verstorben ist. Derartige Fälle fanden sich häufig im Zusammenhang mit vermissten Soldaten aus dem Zweiten Weltkrieg. Doch auch die Tsunami-Katastrophe Ende 2004 zeigte, wie aktuell derartige Probleme sein können.

Als verschollen gilt eine Person, deren Aufenthalt während längerer Zeit unbekannt ist, ohne dass Nachrichten darüber vorliegen, ob diese Person noch am Leben ist. Außerdem müssen durch die Umstände ernstliche Zweifel am Fortleben begründet werden. Um eine Person für tot zu erklären, bedarf es eines gerichtlichen Verfahrens. Zuständig für dieses Verfahren ist das Amtsgericht, in dessen Bezirk der Verschollene den letzten inländischen Wohnsitz hatte.

Eine Todeserklärung ist nur dann zulässig, wenn seit dem Ende des Jahres, in dem der Verschollene vorhandenen Informationen zufolge noch gelebt hat, zehn Jahre, oder, wenn der Verschollene zum Zeitpunkt der Todeserklärung das 80. Lebensjahr vollendet hätte, fünf Jahre verstrichen sind.

Ist jemand, wie z. B. bei der Tsunami-Katastrophe Ende 2004, verschollen und bekanntermaßen in Lebensgefahr geraten, so gilt nach § 7 Verschollenheitsgesetz eine Frist von nur einem Jahr. Die Frist beginnt zu dem Zeitpunkt, in dem die Lebensgefahr beendet ist oder ihr Beenden nach den Umständen erwartet werden konnte.

Ist eine Person bereits von einem deutschen Gericht für tot erklärt worden oder sind Tod und Todeszeit schon festgestellt worden, besteht meist eine Eintragung im seit

1938 beim Standesamt I in Berlin geführten Buch für Todeserklärungen oder es liegt eine Ausfertigung in der Sammlung von Beschlüssen der DDR-Gerichte vor.

In diesen Fällen können Sie eine beglaubigte Abschrift bzw. Kopie oder einen entsprechenden Auszug beim Standesamt I in Berlin anfordern. Dabei müssen Sie kein rechtliches Interesse – wie etwa zum Erhalt der übrigen Personenstandsurkunden – darlegen.

Abwesenheitspfleger

Meistens dauert es recht lange, bis die Todesfallerklärung durch das Gericht erfolgt ist. Aus diesem Grunde ist es ratsam zu überprüfen, ob der Verschollene/Vermisste nicht eine Vollmacht hinterlassen hat, mithilfe derer die wichtigsten Dinge geregelt werden können. Ist dies nicht der Fall, sollte ein so genannter Abwesenheitspfleger bestellt werden.

Zuständig ist das Amtsgericht, in dessen Bezirk der Vermisste seinen Wohnsitz hat. Das Gericht wird von Amts wegen tätig, wenn erkennbarer Fürsorgebedarf besteht, oder auf Anregung von Angehörigen, die die Notwendigkeit einer Vertretung dem Gericht anzeigen. Der Abwesenheitspfleger kann dann für einzelne oder alle Vermögensangelegenheiten bestellt werden. Seine Aufgabe ist es, das Vermögen des Verschollenen/Vermissten zu erhalten und zu verwalten.

Was kann ich tun, wenn Urkunden fehlen?

Bei der Erledigung zahlreicher Formalitäten, wie z. B. bei der Beantragung einer Sterbeurkunde oder eines Erbscheins, müssen Legitimationsnachweise oder andere Urkunden vorgelegt werden. Meistens handelt es sich um so genannte Personenstandsurkunden wie z. B. Geburtsurkunden. Fehlen derartige Dokumente, können diese ggf. noch im Nachhinein angefordert werden.

Die Erteilung von Personenstandsurkunden kann nur von Personen verlangt werden, auf die sich der Eintrag im Personenstandsbuch bezieht, sowie von deren Ehegatten, Vorfahren und Abkömmlingen (in gerader Linie), wie dies in § 61 des Personenstandsgesetzes (PStG) geregelt ist.

Andere Personen können nur Einsicht in die Personenstandsbücher bzw. die Durchsicht dieser Bücher verlangen und Antrag auf Erteilung von Personenstandsurkunden stellen, wenn sie ein rechtliches Interesse glaubhaft machen können. Sie müssen dann darlegen, warum für sie die Kenntnis der Personenstandsdaten eines anderen zur Verfolgung von Rechten oder zur Abwehr von Ansprüchen erforderlich ist. Ein berechtigtes Interesse liegt z. B. nicht vor, wenn man nur aus Neugier oder Interesse über seine Verwandten oder Nachbarn einiges herausfinden möchte. Ein rechtliches Interesse ist jedoch gegeben, wenn die Information oder die Erteilung einer Personenstandsurkunde für den Antrag bei einer Behörde notwendig ist.

Schriftform für Urkundenanforderung

Für die Urkundenanforderung ist immer die Schriftform erforderlich. Andernfalls kann der Standesbeamte die Berechtigung zum Erhalt dieser Urkunde nicht nachvollziehbar überprüfen.

Wo kann ich meinen Antrag stellen?

Sofern Urkunden zu Geburten, Eheschließungen oder Sterbefällen benötigt werden, die innerhalb der Grenzen der heutigen Bundesrepublik Deutschland stattfanden, wenden Sie sich direkt an das Standesamt, das für die (damalige) Beurkundung zuständig war.

Beispiel:

Wohnen Sie noch in Ihrem Geburtsort z. B. in München-Pasing, haben aber im Standesamt in Mittenwald geheiratet, so ist die Heiratsurkunde beim Standesamt in Mittenwald zu beantragen, die Geburtsurkunde hingegen beim Standesamt in München-Pasing.

Sonderregelungen gelten für Berlin. Für die Ausstellung von Urkunden zu Geburten, Eheschließungen und Sterbefällen, die sich in Berlin ereignet haben, ist das entsprechende Berliner Bezirksstandesamt zuständig. Haben Sie vergessen, welches Berliner Bezirksstandesamt zuständig ist, können Sie sich an das Standesamt Friedrichshain-Kreuzberg von Berlin, Schlesische Str. 27A, 10997 Berlin, wenden. Dieses Standesamt wird dann das zuständige Berliner Standesamt einschalten.

Bei Auslandsbezug ist regelmäßig wiederum das Standesamt I in Berlin zuständig. Es kann allerdings lediglich Personenstandsurkunden ausstellen zu

- Geburten,
- Eheschließungen und
- Sterbefällen.

Für die Geburten, Eheschließungen und Sterbefälle muss außerdem gelten:

- Sie müssen sich außerhalb der Bundesrepublik Deutschland ereignet haben und beim Standesamt I in Berlin tatsächlich beurkundet sein.
  Oder:
- Eine Beurkundung muss in der beim Standesamt I in Berlin geführten Register- und Urkundensammlung aus den ehemaligen deutschen Ostgebieten vorliegen.

Register- und Urkundensammlung

Einen Link zur Register- und Urkundensammlung aus den ehemaligen deutschen Ostgebieten finden Sie unter: www.berlin.de/standesamt1/urkunden/reg_urk_sammlung.html

Werden Urkunden über Geburten, Eheschließungen oder Sterbefälle, die in den ehemaligen deutschen Ostgebieten stattfanden, angefordert, ist ferner auf Folgendes zu achten: Etwaige Kirchenbücher werden beim Standesamt I in Berlin nicht aufbewahrt. Handelt es sich um Sterbefälle vor 1874/1876, erfolgten die Eintragungen nicht bei einem Standesamt. Vor dem 01.10.1874 wurden in Preußen – vor dem 01.01.1876 im restlichen Deutschland – die eingetretenen Personenstandsfälle von der jeweils zuständigen Kirchenbehörde (Pfarramt) bzw. von der jeweils zuständigen jüdischen Gemeinde beurkundet.

Liegt ein derartiger Fall vor, können möglicherweise konfessionsabhängig folgende Stellen Informationen erteilen:

- Katholisches Kirchenbuchamt des Verbands der Diözesen Deutschlands, Kaiser-Friedrich-Str. 9, 53113 Bonn
- Evangelisches Zentralarchiv, Bethaniendamm 29, 10997 Berlin
- Archiv der Jüdischen Gemeinde zu Berlin, Oranienburger Str. 29/30, 10117 Berlin

Werden Gebühren erhoben?

Für die Ausstellung der notwendigen Urkunden werden Gebühren nach Maßgabe von § 68 der Verordnung zur Ausführung des Personenstandsgesetzes erhoben. Der Antragsteller erhält bereits mit der Übersendung der beantragten Urkunde eine Gebührenrechnung. Sind allerdings die Gebühren aufgrund der Vielzahl der Urkunden sehr hoch, kann die Behörde auch eine Vorauszahlung verlangen.

Die Beglaubigungsgebühren gemäß der Gebührentabelle für Überbeglaubigungen von Geburts-, Heirats- und Sterbeurkunden sowie öffentlichen Urkunden aus Berlin zur Vorlage bei ausländischen Behörden sind folgende, wobei die Festsetzung gemäß der Verwaltungsgebührenordnung erfolgt:

- Ausschließlich deutschsprachige Beglaubigung im Rahmen des Legalisationsverfahrens: 12,78 EUR
- Nur bei Vertragsstaaten des Übereinkommens von Den Haag:
  - Apostille (deutschsprachig): 12,78 EUR
  - Apostille (deutsch- und englischsprachig): 25,56 EUR
  - Apostille (deutsch- und französischsprachig): 25,56 EUR

Was mache ich mit dem Testament?

Testamente, die der Erblasser zu Hause verwahrt hat, sind unverzüglich an das zuständige Nachlassgericht abzuliefern. Dabei handelt es sich grundsätzlich um das Amtsgericht am Wohnort des Verstorbenen. Nur in Baden-Württemberg ist das Staatliche Notariat zuständig.

Wird ein Testament absichtlich nicht abgeliefert, so macht man sich wegen Urkundenunterdrückung gem. § 274 Abs. 1 Nr. 1 StGB strafbar. Dabei riskiert man sogar, dass man durch Anfechtung gem. § 2340 BGB i. V. m. § 2339 Abs. 1 Nr. 4 BGB durch ein Gericht für erbunwürdig erklärt wird.

Welche Testamente sind ablieferungspflichtig?

Grundsätzlich sind alle Schriftstücke abzuliefern, die als letztwillige Verfügung in Betracht kommen könnten. In Einzelfall kann dies also sogar eine Postkarte des Erblassers sein.

Bei einem Testament handelt es sich somit um jede Urkunde, die sich nach Form oder Inhalt als eine Verfügung im Falle des Todes darstellen könnte. Dabei spielt es keine Rolle, ob diese im Einzelfall formwirksam errichtet, widerrufen, mit Ungültigkeitsvermerken versehen, beschädigt, offen oder verschlossen ist. Es ist Sache des Gerichts (Nachlassgericht oder Prozessgericht) zu entscheiden, ob es sich um eine wirksame Verfügung im Todesfall handelt. Für die Ablieferungspflicht spielt es keine Rolle, ob der im Testament Bedachte vorverstorben oder auch bei gesetzlicher Erbfolge Alleinerbe wäre.

Aus diesem Grunde müssen auch Schriftstücke abgeliefert werden, deren Bestimmung als Testament fraglich ist, weil z. B. die Unterschrift fehlt oder es maschinenschriftlich verfasst wurde. Dies liegt darin begründet, dass derartige Schriftstücke wenigstens zur Auslegung herangezogen werden können. Im Einzelnen kommt es lediglich darauf an, ob der Erblasser erbrechtliche Anordnungen vom Erblasser getroffen hat, was z. B. bei Bestattungsanordnungen oder ausdrücklichen Entwürfen nicht der Fall ist. Schriftstücke, die sowohl erbrechtliche als auch nicht erbrechtliche Ausführungen beinhalten, sind ebenfalls abzuliefern.

Die Pflicht zur Ablieferung gilt auch für Erbverträge und für im Ausland errichtete Testamente von Deutschen bzw. für Testamente von Ausländern, deren letztwillige Verfügung sich im Inland befindet. Erbverzichts-, Pflichtteilsverzichts- oder Zuwendungsverzichtsverträge müssen nicht abgeliefert werden. Hingegen besteht eine Ablieferungspflicht auch für Nottestamente, bei denen die Gültigkeitsdauer gem. § 2252 Abs. 1 BGB von drei Monaten seit der Errichtung verstrichen sind. Auch aufgehobene Erbverträge müssen abgeliefert werden.

Grundsätzlich ist immer die Urschrift abzuliefern. Sind mehrere vorhanden, sind alle Urschriften abzuliefern. Einfache Abschriften oder Kopien müssen hingegen nicht abgeliefert werden, da unbeglaubigte Abschriften auch nicht zu eröffnen sind. Allerdings gilt dann eine Ausnahme, wenn die einfache Abschrift zum Beweis des Inhalts einer nicht mehr vorhandenen Urschrift dienen kann.

Alle letztwilligen Verfügungen abliefern

Um sich nicht wegen Urkundenunterdrückung möglicherweise strafbar zu machen, sollten Sie auf jeden Fall alle vorhandenen letztwilligen Verfügungen des Verstorbenen beim Nachlassgericht abliefern, selbst wenn das Testament widerrufen worden oder fehlerhaft errichtet ist.

Wer ist ablieferungspflichtig?

Grundsätzlich ist der unmittelbare Besitzer der letztwilligen Verfügung ablieferungspflichtig. Dieser Pflicht ist unverzüglich, d. h. ohne schuldhaftes Verzögern nachzukommen, sobal der Besitzer vom Tod des Erblassers Kenntnis erlangt hat.

Die Übergabe muss nicht persönlich erfolgen, sondern es muss lediglich dem Nachlassgericht der unmittelbare Besitz durch Übergabe, Boten oder Zusendung per Post verschafft werden. Sofern jedoch auf diesem Wege das Testament verloren geht, haftet der Ablieferungspflichtige bei Verschulden auf Schadensersatz.

Ausschlaggebend ist die Möglichkeit einer tatsächlichen Einflussnahme auf die Ablieferung. So muss eine Bank trotz der Kenntnis, dass sich im Bankschließfach ein Testament befindet, dieses Testament dann nicht abliefern, wenn sie selbst nicht ohne weiteres das Bankschließfach öffnen kann.

Testament nie im Bankschließfach aufbewahren

Wenn der Erbe keine gültige Bankvollmacht hat, muss eine Bank das Bankschließfach nicht öffnen. Aus diesem Grunde sollten Sie auf keinen Fall ein Testament in einem Bankschließfach deponieren. Besser ist es, das Testament beim Nachlassgericht zu hinterlegen, was einmalig nur geringe Gebühren kostet.

Wenn kein Testament zugänglich ist, gilt die gesetzliche Erbfolge. Die gesetzlichen Erben können dann sogar die Vollmacht widerrufen.

Nur durch eine Hinterlegung beim Nachlassgericht (bzw. beim Staatlichen Notariat in Baden-Württemberg) wird gewährleistet, dass das Testament auf jeden Fall nach dem Tod des Erblassers eröffnet wird. Das Geburtsstandesamt des Erblassers erhält durch das Nachlassgericht automatisch eine Mitteilung, dass der Erblasser eine letztwillige Verfügung hinterlassen hat. Wenn dann beim Standesamt die Sterbeurkunde beantragt wird, meldet dieses wiederum den Todesfall automatisch an das Nachlassgericht, das dann zur Eröffnung der letztwilligen Verfügung schreiten kann.

Der Erblasser kann wegen § 2263 BGB im Übrigen die Ablieferungspflicht nicht durch eine anderweitige Anordnung in seinem Testament verhindern. Neben dem eigentlichen Besitzer können im Einzelfall auch Behörden u. Ä. zur Ablieferung verpflichtet sein.

Nicht unbedingt beim Nachlassgericht

Es ist nicht zwingend, dass das Testament bei dem nach § 73 FGG zuständigen Nachlassgericht abgeliefert wird. Um seine Ablieferungspflicht zu erfüllen, ist es ausreichend, es beim nächstgelegenen Amtsgericht abzuliefern.

Weigert sich der Besitzer, das Testament abzugeben, so erlässt der Rechtspfleger eine Anordnung, wonach das Testament unverzüglich, spätestens aber binnen einer bestimmten Frist beim Nachlassgericht abzuliefern ist. Weigert sich der Testamentsbesitzer weiterhin, kann das Amtsgericht die Ablieferung des Testaments von Amts wegen nach Ablauf der Frist in der Ablieferungsanordnung erzwingen, und zwar entweder durch Anordnung und Festsetzung eines Zwangsgeldes oder durch Anwendung von unmittelbarem Zwang. In diesem Fall wird ein Gerichtsvollzieher beauftragt, das Testament durch Wegnahme vom Besitzer selbst in Besitz zu nehmen, wobei er sich polizeilicher Hilfe bedienen darf.

Hinweis auf Handlungsmöglichkeiten

Sofern der Aufbewahrungsort, z. B. ein Schließfach, eine Wohnung etc., bekannt ist, nicht aber der Besitzer, der den Zugang gewährleistet, sollte das Gericht auf die in diesem Fall mögliche Anwendung unmittelbaren Zwangs hingewiesen werden.

Was muss ich bei der Beerdigung beachten?

Wer bezahlt die Beerdigungskosten?

Wenn eine Bestattung durchgeführt werden soll, sind sofort die notwendigen Schritte einzuleiten. Die Bestattungsinstitute können bei der Abwicklung der notwendigen Formalitäten erhebliche Hilfe leisten. Es ist daher zur eigenen Entlastung ratsam, das Bestattungsinstitut mit der Erledigung der üblichen Formalitäten – wie z. B. der Beantragung der Sterbeurkunde, der Terminabsprache mit der Friedhofsverwaltung – zu beauftragen und lediglich die Art und Weise der vom Erblasser gewünschten Bestattung zu regeln. Vor der Beauftragung eines Bestattungsunternehmens ist – soweit möglich – ein Preisvergleich durchzuführen, da die Kosten u. U. erheblich variieren können.

Die Kosten der Bestattung tragen nach § 1968 BGB die Erben. Haben diese die Erbschaft ausgeschlagen, ist zu prüfen, ob nicht Dritte die Bestattungskosten tragen müssen. Dies können sein:

- Bestattungsveranlasser,
- Unterhaltsverpflichtete, z. B. der überlebende Ehegatte, auch wenn die Parteien getrennt gelebt haben, alle unterhaltspflichtigen Verwandten sowie der nichteheliche Vater beim Tod der Mutter (§§ 1360a Abs .4; 1361 Abs. 4 S. 3, 1615 Abs. 2 BGB),
- bei Ersatzvornahme durch eine Behörde: Verpflichteter gem. Landesleichen- oder Bestattungsgesetz (alle bundesdeutschen Landesleichen- oder Bestattungsgesetze findet man unter: www.postmortal.de.),
- Unfallverursacher (§§ 844 Abs. 1 BGB, 10 Abs. 1 S. 2 StVG) oder
- Sozialhilfeträger (§ 15 BSHG).

Nach § 1968 BGB sind die Kosten der Beerdigung von den Erben zu ersetzen. Bestattungskosten sind z. B. Kosten für die Sterbeurkunde und die Todeserklärung nach § 34 Abs. 2 VerschG. Im Einzelnen sind folgende Kosten der Bestattung i. S. d. § 1968 BGB als Nachlassverbindlichkeiten zu berücksichtigen:

Zu berücksichtigende Kosten	Betrag
Leichenschau	
Polizeigebühr bei Feuerbestattung	
Sarg- oder Urnenkosten inkl. Ausstattung	
Totenhemd, Talar oder Anzug	
Grabkreuz mit Flor	
Grabstein und Erstanlage der Grabstätte	
Überführungskosten der Leiche zum Friedhof	
Sterbebilder	
Versorgungskosten der Leiche (Kühlhaus etc.)	
Einsargung	
Desinfektion	
Bestattungsgebühr der Friedhofsverwaltung	
Verlängerung der Beerdigungsfrist	
Exhumierung	
Benutzung der Friedhofshalle/Trauerhalle inkl. Ausschmückung mit Pflanzen nebst Heizung	
Entfernung der bisherigen Grabeinfassung	
Personalkosten für Organisten, Geistliche, Ministranten, Sargträger etc. (inkl. Zuschläge für Nachteinsatz, Feiertag oder Sonntag)	
Aussegnung, Chor, Glockengeläut, Kirchenschmuck und Kerzen	
Trauerkleidung	
Traueranzeigen, Trauerbriefe, Danksagungen	
Verdienstausfall	
Kosten eines üblichen Trauermahls	

Nicht zu erstatten und damit auch nicht als unmittelbare Nachlassverbindlichkeit abzugsfähig sind insbesondere:

- Reisekosten der Angehörigen zur Bestattung sowie
- Grabpflegekosten (sofern nicht extra per Auflage angeordnet oder zu Lebzeiten vom Erblasser vereinbart).

Das müssen Sie bei der Vorbereitung der Bestattung beachten	ja	nein
Benachrichtigung des Arztes für den Totenschein	✓	
Nach Erhalt des Totenscheins beim Standesamt Sterbeurkunde beantragen		
Sofern Feuer- oder Seebestattung gewünscht, weitere Formalien beachten		
Benachrichtigung eines Bestatters und der Angehörigen/Freunde des Erblassers		
Überführung klären		
Auswahl des Sarges/der Urne		
Umfang der Bestattung vertraglich vereinbaren		
Zeitpunkt der Bestattung klären mit – Angehörigen/Freunden – Kirchengemeinde – Friedhofsverwaltung – Totenredner		
Mit Friedhofsverwaltung Lage der Grabstelle und ggf. Aufbahrung vereinbaren		
Todesanzeige aufgeben		
Druckereiauftrag für Totenbriefe etc.		
Bei Gärtnerei oder Blumengeschäft Kranz/Sarggestecke etc. bestellen		

Wer darf bestimmen, wo und wie der Erblasser beerdigt wird?

Das Recht der so genannten Totenfürsorge, also das Bestimmungsrecht über den Ort der letzten Ruhestätte und die weiteren Einzelheiten der Bestattung, ist Teil des Persönlichkeitsrechts und unterliegt der allgemeinen Handlungsfreiheit. Somit hat der Erblasser das Recht, die Art und Weise seiner Bestattung zu regeln. Dies muss nicht zwingend in Form einer letztwilligen Verfügung erfolgen, sondern kann in jeder beliebigen Form ausdrücklich oder stillschweigend geschehen.

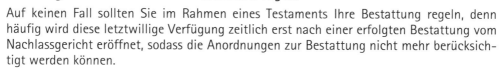

Bestattung nicht im Rahmen des Testaments regeln

Auf keinen Fall sollten Sie im Rahmen eines Testaments Ihre Bestattung regeln, denn häufig wird diese letztwillige Verfügung zeitlich erst nach einer erfolgten Bestattung vom Nachlassgericht eröffnet, sodass die Anordnungen zur Bestattung nicht mehr berücksichtigt werden können.

Eine Person ist nur dann zur Ausführung der Bestattung verpflichtet, wenn ihr auch die Totenfürsorgebefugnis übertragen wurde. Sofern keine Anordnung im Testament oder in einem anderen Schreiben verfügt ist, sollte zunächst der wahre Wille des Erblassers durch Befragung der Angehörigen und Bekannten erforscht werden. Ist dieser nicht erkennbar, so steht den nächsten Angehörigen des Verstorbenen die Totenfürsorge nach Gewohnheitsrecht zu.

Als Richtschnur für die Entscheidungsreihenfolge gilt nach der Rechtsprechung unter Hinweis § 2 Abs. 2 und Abs. 3 des Feuerbestattungsgesetzes Folgendes:
Zunächst hat der

- Ehegatte, dann
- die Kinder und
- Eltern als Verwandte und
- Verschwägerte ab- und aufsteigender Linie

die Entscheidungsbefugnis; anschließend die

- Geschwister und
- deren Kinder.

Das Recht zur Totenfürsorge ist dabei unabhängig von einem etwaigen Erbrecht. Wenn die zur Totenfürsorge Berechtigten keine einstimmige Entscheidung fällen können, findet das Mehrheitsprinzip keine Anwendung, sofern landesrechtliche Bestimmungen in den Bestattungs- bzw. Leichengesetzen nicht Anderweitiges anordnen. In einem solchen Fall ist dann nach Ortsüblichkeit zu bestatten.

Welche Arten der Bestattung sind möglich?

In Deutschland besteht ein grundsätzlicher Bestattungszwang. Danach müssen menschliche Leichen und Totgeburten mit einem Mindestgewicht von 500 Gramm bestattet werden. Dieser Bestattungszwang ist in allen Bestattungsgesetzen der Länder geregelt.
Im Einzelnen sind in Deutschland folgende Bestattungsarten zugelassen:

- Erdbestattung,
- Feuerbestattung,
- Seebestattung sowie
- Bestattung in einem Friedwald.

Des Weiteren gibt es Sonderformen, auf die später noch eingegangen wird.

Hinweise zum Bestattungsrecht
Zahlreiche Hinweise zum Bestattungsrecht und die verschiedenen Bestattungsgesetze finden Sie unter www.postmortal.de.

Erdbestattung

Die Erdbestattung ist die häufigste Begräbnisform. Für Erd- und Feuerbestattungen besteht ein so genannter Friedhofszwang. Das bedeutet, eine Bestattung in dieser Form darf nur auf einem öffentlichen Bestattungsplatz erfolgen, also auf einem gemeindlichen/kommunalen oder kirchlichen Friedhof.
Es gibt allerdings Ausnahmen. So kann eine Erdbestattung auf einem privaten Bestattungsplatz erfolgen. Dafür bedarf es jedoch einer speziell genehmigten Anlegung eines solchen Bestattungsplatzes sowie dessen Unterhaltung. Nach zahlreichen Landesbestattungsgesetzen ist eine solche Beisetzung auf Anstaltsfriedhöfen oder in Klostergärten nach erfolgter Genehmigung möglich.
Allerdings muss für eine Bestattung außerhalb eines öffentlichen Friedhofes ein wichtiger Grund vorliegen. Ferner muss der Bestattungsplatz den Anforderungen, die an

Friedhöfe hinsichtlich Wasserhaushalt und öffentliche Gesundheit gestellt werden, genügen.

Feuerbestattung

Die Feuerbestattung ist die Verbrennung (Einäscherung) des Verstorbenen im Sarg und die spätere Beisetzung in einer Urne. Um eine derartige Bestattungsform durchführen zu können, bedarf es neben Totenschein und Sterbeurkunde sowie einer amtlichen Leichenschau einer schriftlichen Willenserklärung der Totenfürsorgeberechtigten oder des Erblassers. Ferner muss dem Krematorium eine Unbedenklichkeitsbescheinigung der Polizei – auch bei natürlichem Tod – vorgelegt werden. Hat der Erblasser eine Feuerbestattung abgelehnt, darf sie nicht erfolgen.

Wunsch nach Feuerbestattung deutlich machen
Wünschen Sie eine Feuerbestattung wünschen, sollten Sie dies unbedingt schriftlich und zwar außerhalb eines Testaments fixieren. Gleiches gilt auch für den Fall, dass Sie auf keinen Fall feuerbestattet werden möchten.

Mit der Einäscherung ist die Bestattung noch nicht abgeschlossen. Vielmehr bedarf es noch einer Beisetzung. Die Feuerbestattung erfolgt also in zwei Schritten. Eine Aushändigung der Urne an die Angehörigen darf nur dann erfolgen, wenn die Bestattung der Asche außerhalb eines Friedhofs vorher genehmigt worden ist. Dadurch soll verhindert werden, dass die Urne entgegen dem Friedhofszwang z. B. zu Hause aufbewahrt wird.

Manche Personen versuchen dennoch, die Urne zu Hause aufzubewahren, indem sie deren Herausgabe dadurch erreichen, dass sie eine Beisetzung außerhalb der Bundesrepublik Deutschland vornehmen lassen wollen, sie dann aber tatsächlich nicht im Ausland beisetzen lassen. Bei einem solchen Verstoß gegen das deutsche Bestattungsrecht handelt es sich um eine Ordnungswidrigkeit.

Seebestattung

Für eine Seebestattung gelten dieselben Voraussetzungen wie bei einer Feuerbestattung, da eine solche der Seebestattung zwingend vorausgeht. Für eine Seebestattung ist eine Genehmigung für die Bestattung außerhalb des Friedhofs erforderlich. Diese Genehmigung, die automatisch vom beauftragten Bestattungsinstitut eingeholt wird, wird nur unter der Voraussetzung erteilt, dass die Urne aus einem Material besteht, das sich im Meerwasser schnell auflöst. Außerdem muss die Urne mit Sand oder Kies beschwert werden, damit sie nicht an der Oberfläche schwimmt. Anschließend ist eine Reederei mit der Seebestattung zu beauftragen. Die Urne wird dann außerhalb der Dreimeilenzone versenkt, wobei der Ort mit geografischer Länge und Breite in einer Schiffskarte verzeichnet wird.

Wunsch nach Seebestattung deutlich machen

Wünschen Sie eine Seebestattung, sollten Sie dies unbedingt schriftlich und zwar außerhalb eines Testaments fixieren. Notwendige Voraussetzung ist der Wunsch nach einer Feuerbestattung.

Sonderformen

Anonyme Bestattung

Eine anonyme Bestattung erfolgt meist im Zusammenhang mit einer Feuerbestattung. Die Urne muss lediglich auf einem Gemeinschaftsfeld beerdigt werden, ohne dass Einzelgrabstätten oder Grabbeete auf den Erblasser hinweisen.

Baumbestattung (Friedwald)

Mittlerweile wollen immer häufiger Menschen ihrer Verbundenheit mit der Natur dadurch Ausdruck verleihen, dass sie die Beisetzung der Aschenreste in der freien Natur unter einem Baum wünschen. Dieser Trend entstand ursprünglich in der Schweiz, wo die Asche direkt an die Wurzeln des Baumes gestreut werden kann. In Deutschland muss hingegen die Asche in einer biologisch abbaubaren Urne direkt an der Wurzel des Baumes begraben werden. Diese Bestattungsart findet in einem so genannten Friedwald statt, der für jedermann frei zugänglich ist.

Entscheiden Sie sich für eine derartige Bestattungsart, müssen Sie einen Platz in einem Friedwald käuflich erwerben. Sie erhalten eine mit den Baumkoordinaten versehene Urkunde als Nachweis des erworbenen Nutzungsrechtes. Der Baum trägt dann eine kleine Plakette mit einer Kennzeichnung. Sie können auch einen so genannten Familienbaum erwerben, der als Ruhestätte für eine ganze Familie genutzt werden kann.

Schriftliche Erklärung zur Feuerbestattung

Entscheiden Sie sich für die Beisetzung in einem Friedwald, sollten Sie zunächst eine schriftlichen Erklärung außerhalb eines Testaments für eine Feuerbestattung abgeben. Anschließend sollten Sie versuchen mit einem Bestatter einen der in der Bundesrepublik noch seltenen Friedwälder ausfindig zu machen. Organisieren Sie also am besten alles bereits zu Lebzeiten.

Die Abfassung einer Bestattungsverfügung

Wie sich aus den vorangegangen Ausführungen ergibt, ist es dringend erforderlich, bereits zu Lebzeiten eine so genannte Bestattungsverfügung zu hinterlegen, bei der Sie folgende Punkte beachten sollten:

Was	ja	nein
Benennen Sie eine Personen Ihres Vertrauens und bevollmächtigen Sie diese Person hinsichtlich der Totenfürsorgeberechtigung.	✓	
Bestimmen Sie über die Art und den gewünschten Ort der Bestattung.		
Fixieren Sie Ihre besonderen Wünsche für die Trauerfeier wie z. B. das Spielen oder Singen bestimmter Lieder bzw. das Vorlesen besonderer Passagen aus der Heiligen Schrift oder aus der Literatur etc.		
Erstellen Sie eine Namensliste mit Adresse und Telefonnummer derjenigen Personen, die von Ihrem Tod benachrichtigt bzw. zur Beerdigung eingeladen werden sollen.		
Teilen Sie etwaige Abschlüsse von Sterbegeldversicherungen mit bzw. ob Sie für die Bestattung extra Gelder angelegt haben.		
Teilen Sie mit, ob Sie von einem bestimmter Bestatter bestattet werden möchten, mit dem Sie ggf. bereits einen Bestattungsvorsorgevertrag abgeschlossen haben.		
Verweisen Sie vorsorglich auf eine separat von Ihnen errichtete letztwillige Verfügung und auf deren Aufbewahrungsort.		

Das folgende Muster einer Bestattungsverfügung ist aus dem Beitrag von RA Dr. Schmalenbach in: Bonefeld/Daragan/Wachter, Fachanwalt für Erbrecht „Rund um die Bestattung" entnommen.

Muster einer Bestattungsverfügung

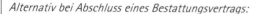

1. Ich, Herr/Frau ..., geb. am ... in ... möchte mit der nachfolgenden Bestattungsverfügung die Art und Weise meiner Bestattung regeln.

2. Abweichend von der gesetzlichen Reihenfolge der Bestattungspflichtigen/Totenfürsorgeberechtigten bestimme ich Herrn/Frau ... (Adresse, Telefonnummer) zum alleinigen Bestattungspflichtigen/Totenfürsorgeberechtigten für die Durchführung meiner·Bestattung und der Umsetzung gemäß den nachfolgenden Anordnungen.

Alternativ bei Abschluss eines Bestattungsvertrags:

2. Abweichend von der gesetzlichen Reihenfolge der Bestattungspflichtigen/Totenfürsorgeberechtigten bestimme ich Herrn/Frau ... vom Bestattungsunternehmen ... (Adresse, Telefonnummer) zum alleinigen Bestattungspflichtigen/Totenfürsorgeberechtigten für die Durchführung meiner Bestattung und der Umsetzung gemäß den in meinem Bestattungsvertrag vom ... getroffenen Anordnungen.

3. Ich wünsche mir eine stille Beisetzung ohne Trauerfeier.

Alternativ:

3. Ich wünsche mir eine (kirchliche)Trauerfeier vor meiner Beisetzung.

Für Erdbestattung:

4. Wenn ich sterbe, soll mein Leichnam auf einem Friedhof beigesetzt werden.
Mein Leichnam soll auf folgendem Friedhof/folgender Grabstätte/anonym beigesetzt werden:
....

Für Feuerbestattung:

4. Nach meinem Tod wünsche ich, dass mein Leichnam eingeäschert wird. Die Kremation soll in folgendem Krematorium vorgenommen werden:
....

Alternativ:

Ich wünsche, dass die Einäscherung meines Leichnams in dem preisgünstigsten Krematorium vorgenommen wird.

Ich möchte, dass die Urne mit meiner Totenasche auf folgendem Friedhof beigesetzt wird ....

Die Beisetzung soll in folgender Grabstätte erfolgen: ....

Alternativ:

Die Beisetzung soll anonym erfolgen.

Alternativ bei Baumbestattung:

Ich möchte, dass die Urne mit meiner Totenasche/meine Totenasche ohne Urne in einer Baumbestattungsanlage beigesetzt wird. Ich wünsche eine anonyme Baumbestattung/eine namentliche Kennzeichnung meines Bestattungsorts. Die Beisetzung soll auf folgendem Friedhof/in der folgenden Baumbestattungsanlage erfolgen: ....

Alternativ bei Seebestattung:

Ich möchte, dass die Urne mit meiner Totenasche seebestattet wird. Die Beisetzung soll auf der Nordsee/Ostsee/auf folgendem Meer stattfinden: ....

5. Ich möchte, dass folgende Personen von meinem Tod unterrichtet werden:
.... (Name, Adresse, Telefonnummer)
.... (Name, Adresse, Telefonnummer)

6. Folgende Personen sollen ausdrücklich zu meiner Beisetzung eingeladen werden und am Trauermahl teilnehmen:
.... (Name, Adresse, Telefonnummer)
.... (Name, Adresse, Telefonnummer)

7. Ich möchte, dass im Anschluss an meine Beisetzung ein Trauermahl abgehalten wird. Das Trauermahl soll hier stattfinden:
.... (Name, Adresse, Telefonnummer)

8. Es besteht eine Sterbegeldversicherung bei der ... Versicherung, ... Adresse)
Vertragsnummer ... über ... Euro

Alternativ:

8. Es besteht ein Bestattungsvorsorgevertrag beim Bestattungsinstitut ... (Adresse, Telefonnummer)

Alternativ:

8. Ich habe auf folgendem Sparbuch/Konto/Wertpapierdepot etc. (Name des Instituts, Adresse, Kontoverbindung) einen Betrag in Höhe von ... Euro hinterlegt, von dem meine Bestattung bezahlt werden soll. Den nicht verbrauchten Betrag soll ... erhalten.

9. Die Kosten der Bestattung soll mein Erbe tragen. Ich verweise diesbezüglich auf meine letztwillige Verfügung vom ..., die unverändert neben dieser Bestattungsverfügung fortbesteht.

....

(Ort, Datum, Unterschrift)

Was geschieht mit den Finanzen?

Wann und wie bekomme ich Auskunft bei der Bank über das Vermögen?

Leider ordnen Erblasser ihre Nachweise über Bankvermögen oder Rentenanwartschaften etc. nicht immer zu Lebzeiten, sodass die Erben häufig Schwierigkeiten haben, den Nachlass genau zu bestimmen. So müssen Bankkonten, Lebensversicherungsverträge etc. erst einmal ausfindig gemacht werden.

Ein besonders wichtiger Punkt ist die Ermittlung der Bankverbindungen und des Bankvermögens. Bargeld und Sparbücher werden nicht selten im Kühlschrank, im Backherd, im Fach für Backbleche, in Wäscheschränken, unter Altpapierstapeln und insbesondere in Büchern und unter Deckchen versteckt. Am einfachsten ist es natürlich, bei Vorliegen von Kontoauszügen Rückschlüsse auf vorhandene Konten zu ziehen. Etwaige fehlende Kontoauszüge sind umgehend von der jeweiligen Bank nachzufordern.

Um zu erfahren, ob noch weiteres Bankvermögen existiert, können Sie nicht auf staatliche Hilfe hoffen. Sie müssen sich vielmehr unter Nachweis Ihrer Erbenstellung z. B. mittels eines Erbscheins an den

- Bundesverband deutscher Banken,
  Burgstraße 28
  10178 Berlin

oder an den

- Bankenverband mittel- und ostdeutscher Länder e. V.
  Kurfürstendamm 178
  10707 Berlin

wenden. Dieser Bankenverband forscht ohne Einschränkungen nach den Konten des Erblassers. Empfehlenswert ist es auch, sich gleich direkt an den jeweiligen Bankenverband in den einzelnen Bundesländern zu wenden.

Weitere Adressen lauten z. B. für Baden-Württemberg:

- Badischer Genossenschaftsverband Raiffeisen-Schulze-Delitzsch e. V.
  Postfach 5280
  76034 Karlsruhe

- Württembergischer Genossenschaftsverband Raiffeisen/Schulze-Delitzsch e. V.
  Postfach 1060 19
  70049 Stuttgart

- Sparkassenverband Baden-Württemberg
  Am Hauptbahnhof 2
  70173 Stuttgart

Für Bayern:

- Bayerischer Bankenverband,
  Schäfflerstr. 8
  80333 München

Sofern der zuletzt geführte Familienname vom Geburtsnamen abweicht, sollten Sie auch den Geburtsnamen mitteilen. Ferner müssen Sie neben dem vollständigen Namen auch den Wohnort und das Geburtsdatum des Erblassers angeben, um eine möglichst präzise Recherche sicherzustellen. Der Bankenverband fragt bundesweit bei Privatbanken nach Konten, Schließfächern und Wertpapierdepots. Wenn Sie hierüber keine Auskunft erhalten, so bekommen Sie von dort zumindest sämtliche Adressen von den Verbänden der Volksbanken und Sparkassen etc., damit Sie weiter recherchieren können. Die Gebühr für die Recherche ist unterschiedlich und beträgt mindestens 20 Euro. Mit ersten Ergebnissen können Sie nach etwa sechs Wochen rechnen.

Da die Postbank nicht Mitglied des Bankenverbandes ist, ist vorsorglich eine Anfrage bei der Filiale am Wohnort des Erblassers durchzuführen. Von dort erhalten Sie automatisch sämtliche Auskünfte über Sparkonten bei den deutschen Postniederlassungen. Bei Bausparverträgen kann es mitunter schwierig werden, gibt es doch bundesweit 13 Landesbausparkassen und 18 private Bausparkassen. Da diese zwischenzeitlich ihre Daten austauschen, genügt eine Anfrage bei der Bundesgeschäftsstelle der Landesbausparkassen, Buschstraße 32 in 53113 Bonn. Für die Recherche müssen Sie etwa drei Wochen einplanen.

Was mache ich bei Bankvermögen im Ausland?

Sobald die Bank feststellt, dass der Kontakt zum Kunden und dessen Bevollmächtigten abgebrochen ist, werden Vermögenswerte nachrichtenlos. Dies ist z. B. der Fall, wenn Schreiben von der Bank nicht mehr zugestellt werden können. Auch bei banklagernder Korrespondenz, Sparheften und Schließfächern spricht man von nachrichtenlosen Vermögenswerten, wenn die Bank konkret Kenntnis hat, dass der Kunde verstorben ist – spätestens jedoch nach zehn Jahren ohne Kontakt zum Kunden und dessen Bevollmächtigten und erfolglosen Bemühungen der Bank zur Wiederherstellung des Kontakts.

Bei ausländischen Erblassern sollten Sie zusätzlich die inländische Vertretung der Bank des Heimatlandes anschreiben. Alternativ können Sie z. B. bei Schweizer Konten einen Fragebogen an die Anlaufstelle Schweizer Banken, Postfach 1818, CH-8021 Zürich versenden, den Sie zuvor dort anfordern sollten.

Wird dieser Fragebogen zur Suche so genannter nachrichtenloser Vermögenswerte bei Banken in der Schweiz durch einen Erben eingereicht, müssen Sie unbedingt einen Nachweis der Erbenstellung z. B. in Form eines Erbscheins beifügen. Der Fragebogen ist im Original zu unterschreiben und muss per Post (nicht per Fax) geschickt werden. Sämtliche nachrichtenlose Vermögenswerte (Sparhefte, Konten inklusive Nummern- und Pseudonymkonten, Depots, Schließfächer) bei Banken in der Schweiz mit einem Wert von mehr als 100.- CHF werden dann ermittelt. Die Suche nach nicht mehr bestehenden Konten ist allerdings nicht möglich.

Wenn die Vermögenswerte nachrichtenlos geworden sind, speist die Bank die Angaben zum Inhaber und zum Bevollmächtigten in eine zentrale Datenbank ein, auf die ausschließlich die Anlaufstelle des Schweizerischen Bankenombudsmanns Zugriff hat. Diese Anlaufstelle überprüft anhand des Fragebogens und der eingereichten Dokumente, ob der Antragsteller zur Suche berechtigt ist. Ist dies der Fall, erfolgt die gewünschte Abfrage in der zentralen Datenbank und der Antragsteller wird über das (vorläufige) Ergebnis informiert.

Aufgrund unterschiedlicher Kriterien für die Meldung in die zentrale Datenbank kann es passieren, dass eine gesuchte Bankbeziehung im Moment der Abfrage durch die Anlaufstelle noch nicht im System gemeldet ist, sodass das Ergebnis der Anfrage nur vorläufig ist. Im Extremfall erfolgt die Meldung durch die Bank in die zentrale Datenbank erst zehn Jahre nach der Suche durch die berechtigte Person.

Das System erfasst auch, wenn eine gesuchte Kundenbeziehung erst nach der Abfrage als nachrichtenlos erkannt wird. Die zentrale Datenbank meldet der Anlaufstelle, wenn ein früher abgefragter Name zu einem späteren Zeitpunkt von einer Bank ins System gemeldet wird.

Aus diesem Grunde sind die Namen der vermuteten Bankkunden möglichst vollständig anzugeben. Spätere Adressänderungen der Antragsteller sollten der Anlaufstelle gemeldet werden, damit sichergestellt ist, dass diese bei Bedarf kontaktiert werden können.

Die Korrespondenz mit Banken gestaltet sich häufig äußerst schwierig und zeitaufwändig. Die Gründe liegen nicht zuletzt in der Angst der Banken begründet, Konten und Gelder nicht berechtigten Personen auszuhändigen. Daher sollten Sie den Banken von Anfang an Ihre Berechtigung als Testamentsvollstrecker deutlich machen.

Das Schreiben an die Bank sollte neben der Frage nach allen Konten des Erblassers und der Kontostände insbesondere auch eine Forderung nach

- Information über eventuelle Darlehensverträge, Bürgschaften, Daueraufträge,
- Kontoverbindungen zu anderen Geldinstituten im In- und Ausland sowie
- Informationen über Lebensversicherungen, Sparverträge u. a..

beinhalten. Vorsorglich sollte auch eine Kontoverlaufsübersicht mit angefordert werden. Hierdurch erhält der Testamentsvollstrecker wichtige Informationen über die Vermögensverschiebungen des Erblassers und über vorhandene Versicherungen und weitere Verträge, für die Beiträge abgebucht wurden. Auf jeden Fall sollte auf allen Konten die ausschließliche Kontoführungsbefugnis des Testamentsvollstreckers vermerkt werden. Außerdem sollten Sie vorsorglich alle vom Erblasser erteilte Bankvollmachten und Daueraufträge widerrufen. Lastschriften und Einzügen ist vorsorglich auch rückwirkend zu widersprechen. Außerdem sollten alle EC- und Kreditkarten gesperrt werden.

Formulierungsvorschlag für Kontenermittlung über den Bankenverband

Bankenverband mittel- und ostdeutscher Länder e. V.

Kurfürstendamm 178

10707 Berlin

Betr.: Otto Normalerblasser, geborener <Name>, zuletzt wohnhaft: <Ort>, geboren am <Datum>

Sehr geehrte Damen und Herren,

ausweislich des beigefügten Erbscheins des Amtsgerichts München - Nachlassgericht – vom 28.03.2005 bin ich Alleinerbe des am 28.02.2005 verstorbenen Otto Normalerblasser.

Des Weiteren lege ich Ihnen eine Sterbeurkunde des Erblassers bei.

Ich bitte, sämtliche Konten des o. g. Erblassers zu ermitteln und mir hierüber Mitteilung zu machen.

Die Gebühr wird durch den beigefügten Verrechnungsscheck ausgeglichen.

–Erbe–

Formulierungsvorschlag für Bankenanschreiben

An die Sparkasse/Postbank <Ort>

<Adresse>

Betr.: Otto Normalerblasser, geborener <Name>, zuletzt wohnhaft: <Ort>, geboren am <Datum>

Sehr geehrte Damen und Herren,

ausweislich des beigefügten Erbscheins des Amtsgerichts München - Nachlassgericht – vom 28.03.2005 bin ich Alleinerbe des am 28.02.2005 verstorbenen Otto Normalerblasser. Des Weiteren lege ich Ihnen eine Sterbeurkunde des Erblassers bei.

Ich darf Sie bitten, mir

– alle Konten des Erblassers in Ihrem Hause mitzuteilen,
– die jeweiligen Kontostände zum Todestag <Datum> sowie zum <Datum der Annahme der Testaments-vollstreckung> mitzuteilen und
– eine Kontoverlaufsübersicht für den Zeitraum vom <Datum> bis <Datum> sowie
– Ablichtungen der Kontoeröffnungsanträge, eventueller Darlehensverträge, Bürgschaften,
– Ablichtungen der Kontoführungskarte und weiterer Bankvollmachten,
– eine Liste der Daueraufträge sowie
– eine Anzeige gem. § 33 ErbStG

zur Verfügung zu stellen.

Ich darf Sie bitten, mir bekannte Kontoverbindungen zu anderen Geldinstituten im In- und Ausland mitzuteilen, ebenso Kenntnisse über Lebensversicherungen, Sparverträge u. a.

Bitte vermerken Sie meine **ausschließliche** Kontoführungsbefugnis.

Rein vorsorglich widerrufe ich hiermit alle vom Erblasser erteilten Bankvollmachten und Dauerauf-träge. Lastschriften und Einzügen widerspreche ich auch rückwirkend.

Sollte eine EC-Karte oder Kreditkarte ausgegeben worden sein, so bitte ich um **sofortige Sperrung.**

Sofern sich Gläubiger des Erblassers melden, sind diese an meine obige Adresse zu verweisen.

Rein vorsorglich habe ich zudem eine bankmäßige Identitätsbestätigung beigefügt.

Für Rückfragen stehe ich gerne zur Verfügung.

Mit freundlichen Grüßen

- Erbe -

Identitätsbescheinigung und Ausweiskopie beifügen

Fügen Sie bei Kontaktaufnahme mit Banken und Versicherungen rein vorsorglich eine Identitätsbescheinigung nebst Kopie des eigenen Ausweisdokuments bei, wenn geplant ist, über das Konto zu verfügen. Eine Identitätsbestätigung erhalten Sie bei Ihrer Bank.

Formulierungsvorschlag für Identitätsbestätigung

Bestätigung

XYZ-Investmentkonto Nr. 0815-4711 wegen Feststellung der Identität

Betr.: Otto Normalerblasser, geborener <Name>, zuletzt wohnhaft: <Ort>, geboren am <Datum>

Herr/Frau <Name Erbe >
Geburtsdatum:
wohnhaft:

hat sich ausgewiesen durch: Ausweis Nr.:
ausgestellt in <Ort>   am <Datum>

und unterzeichnet wie folgt:
<an dieser Stelle Unterschriftsleistung des Erben>

Die Ordnungsmäßigkeit vorstehender Angaben sowie die Vorlage des Ausweisdokuments im Original werden hiermit bestätigt.

<Datum>   <Stempel und rechtsverbindliche Unterschrift einer Bank oder Behörde>

Anlage: Kopie des Ausweisdokuments

Benachrichtigung der Rentenrechnungsstelle

Besteht die Möglichkeit, dass der Verstorbene Rente bezogen hat, muss die Rentenrechnungsstelle umgehend informiert werden, da nach Ablauf des Sterbemonats ggf. Überzahlungen zurückgefordert werden. Um zu erfahren, welche Rente der Erblasser von welchem Rententräger erhält, sehen Sie sich am besten die Kontoauszüge an. Können Sie hieraus keine Rückschlüsse ziehen, können Sie sich der Einfachheit halber an das jeweilige Postrentenzentrum der Deutschen Post AG wenden. Dort werden die wichtigsten Landesversicherungsanstalten, die BfA sowie die Berufsgenossenschaften erfasst. Pensionszahlungen und Betriebsrenten können allerdings über das Postrentenzentrum nicht ermittelt werden. In einem solchen Fall müssen Sie sich direkt an die Arbeits- oder Dienststelle des Erblassers wenden.

Adressen der Postzentren		
04099 Leipzig	13500 Berlin	22292 Hamburg
30001 Hannover	50879 Köln	60285 Frankfurt am Main
70143 Stuttgart	86130 Augsburg	

Formulierungsvorschlag für Schreiben an die Rentenrechnungsstelle

Deutsche Post AG
<Adresse>

Betr.: Otto Normalerblasser, geborener <Name>, zuletzt wohnhaft: <Ort>, geboren am <Datum>

Sehr geehrte Damen und Herren,
ausweislich des beigefügten Erbscheins des Amtsgerichts München – Nachlassgericht – vom 28.03.2005 bin ich Alleinerbe des am 28.02.2005 verstorbenen Otto Normalerblasser. Des Weiteren lege ich Ihnen eine Sterbeurkunde des Erblassers bei.
Ich darf Sie bitten, die bisher gewährte Rentenzahlung einzustellen.
Ferner bitte ich um Mitteilung der bisherigen Rentenhöhe pro Monat sowie um Bekanntgabe der bisherigen Zahlungsmodalitäten nebst Zahlungsweg.
Mit freundlichen Grüßen
- Erbe -

Bekomme ich noch Sterbegeld?

Im Zuge der Gesundheitsreform wurde das Sterbegeld zum 01.01.2004 ersatzlos gestrichen. Bis Ende 2003 bestand der Anspruch, wenn der Verstorbene am 01.01.1989 bei einer gesetzlichen Krankenversicherung versichert war. Die Höhe des Sterbegeldes betrug für Mitglieder der gesetzlichen Krankenversicherung 525,00 Euro und für Familienversicherte 262,50 Euro (SGB V §§ 58, 59). Ist der Erblasser erst ab dem 01.01.1989 neu in die gesetzliche Krankenkasse eingetreten, so entfiel ohnehin der Anspruch auf Sterbegeld.
Beamte und ihre Hinterbliebenen haben häufig Anspruch auf Beihilfe. Verstirbt ein rentenberechtigter Beschädigter i. S. d. Bundesversorgungsgesetzes (Gesetz über die Versorgung der Opfer des Krieges), so wird auch Bestattungsgeld gewährt (dies gilt auch beim Tod von versorgungsberechtigten Hinterbliebenen nach § 53 BVG; 4; KOV-AnpV 1995). Das Bestattungsgeld wird an den gezahlt, der die Bestattung besorgt hat, um die Kosten der Bestattung zu begleichen. Das gilt auch, wenn die Kosten der Bestattung aus öffentlichen Mitteln bestritten worden sind. Aus diesem Grunde sollte man sich direkt an das zuständige Versorgungsamt des verstorbenen Beamten wenden. Bleibt ein Überschuss, so sind nacheinander

- der Ehegatte,
- der Lebenspartner,
- die Kinder,
- die Eltern,
- die Stiefeltern,

- die Pflegeeltern,
- die Enkel,
- die Großeltern,
- die Geschwister und
- die Geschwisterkinder

bezugsberechtigt, wenn sie mit dem Verstorbenen zur Zeit des Todes in häuslicher Gemeinschaft gelebt haben. Fehlen solche Berechtigte, so wird der Überschuss nicht ausgezahlt.

Beim Tod eines Beschädigten ist ein Sterbegeld in Höhe des Dreifachen der Versorgungsbezüge zu zahlen, die ihm für den Sterbemonat zustanden (§§ 30 bis 33, 34 und 35 BeamtenversorgungsG). Anspruchsberechtigt sind dieselben Personen wie die oben genannten in derselben Reihenfolge. Hat der Verstorbene mit keiner dieser Personen in häuslicher Gemeinschaft gelebt, so ist das Sterbegeld in vorstehender Rangfolge dem zu zahlen, den der Verstorbene unterhalten hat. Sind keine dieser Anspruchsberechtigten vorhanden, kann das Sterbegeld dem gezahlt werden, der die Kosten der letzten Krankheit oder der Bestattung getragen oder den Verstorbenen bis zu seinem Tod gepflegt hat.

Nicht selten finden sich auch Sterbegeldregelungen in den einzelnen Tarifverträgen (vgl. § 41 BAT; § 47 MTB II; § 47 MTL II).

Landesamt für Besoldung und Versorgung zuständig

Wegen des Sterbegeldes bei Beamten sollten Sie sich vorsorglich an das zuständige Landesamt für Besoldung und Versorgung in Verbindung setzen.

Das einfache Sterbegeld (also nicht das für einen Beschädigten im Sinne des BeamtenversorgungsG) beträgt regelmäßig das Zweifache der letzten Bezüge des Erblassers. Sollte das Landesamt über den Sterbemonat hinaus noch Bezüge gezahlt haben, werden diese automatisch mit dem Sterbegeld verrechnet, gem. § 51 Abs. 2 S. 1. BeamtenversorgungG jedoch nur in Höhe des pfändbaren Betrages. War Ihr Ehegatte vor seinem Tod teilzeitbeschäftigt oder ohne Bezüge beurlaubt, errechnet sich das Sterbegeld aus den vollen Bezügen. Das Sterbegeld ist grundsätzlich steuerpflichtig und nicht pfändbar. Die Versteuerung erfolgt als sonstiger Bezug.

Wann muss ich einen Erbschein beantragen?

Gerade im Bankenverkehr wird grundsätzlich ein Erbschein benötigt (vgl. § 5 AGB-Banken). Gleiches gilt in den Fällen, in denen z. B. Änderungen im Grundbuch vorgenommen werden müssen.

Der Erbschein dient als Nachweis der Erfolge. Er dokumentiert die Erbberechtigung und den Anteil des jeweiligen Erben am Nachlass. Die wichtigste Aufgabe des Erbscheins ist dessen Klarstellungsfunktion gegenüber Dritten: Der im Erbschein benannte Erbe wird durch den Erbschein als Rechtsnachfolger ausgewiesen. Ohne die

Vorlage eines Erbscheins werden im Regelfall Banken nicht über das Guthaben des Erblassers zugunsten des Erben verfügen.

Den Erbschein müssen Sie selbst beantragen, da das Gericht nicht von sich aus tätig wird.

Antragsberechtigt sind:

- Erbe (einzeln),
- Mehrheit von Erben für seine Miterben,
- Nacherbe (jedoch erst nach Eintritt des Nacherbfalls),
- Testamentsvollstrecker,
- Nachlassverwalter,
- Nachlassinsolvenzverwalter,
- Nachlassgläubiger, sofern sie bereits im Besitz eines rechtskräftigen Urteils sind, damit sie dieses vollstrecken können.

Nicht berechtigt sind z. B.

- Vermächtnisnehmer und
- Pflichtteilsberechtigte.

Den Antrag müssen Sie beim Nachlassgericht (Teil des Amtsgerichts) gem. § 72 FGG stellen. Welches Nachlassgericht örtlich zuständig ist, richtet sich nach dem letzten Wohnsitz des Verstorbenen. Hatte der Erblasser im Inland keinen Wohnsitz, so ist das Nachlassgericht zuständig, in dessen Bezirk er seinen letzten Aufenthaltsort hatte. Verstirbt ein Erblasser, der mehrere Wohnsitze in Deutschland hatte, ist dasjenige Gericht zuständig, das in der Sache als Erstes tätig wurde (§ 4 FGG). Sollte der letzte Wohnsitz oder Aufenthaltsort nicht in Deutschland gewesen sein, ist das Amtsgericht Schöneberg zuständig.

In Einzelfällen kann die Beantragung eines Erbscheines unterbleiben, weil der Erblasser kein Vermögen bei einer Bank hatte oder kein Immobilienbesitz vorhanden ist. Gleiches gilt auch, wenn z. B. der überlebende Ehegatte aufgrund einer über den Tod hinaus geltenden Vollmacht weiter über das Konto verfügen darf oder weil der überlebende Ehegatte mit dem Erblasser ein (in der Praxis sehr häufig vorkommendes) Oder-Konto hatte und daher nach dem Tode weiter über dieses Konto verfügen kann.

Des Weiteren ist ein Erbschein dann nicht nötig, wenn auf andere Weise ein Erbnachweis erfolgen kann. Dies kann bei einem notariellen Testament der Fall sein. Hat z. B. eine Person ein notarielles Testament hinterlassen, ersetzt dieses notarielles Testament grundsätzlich einen Erbschein. Allerdings können Dritte im Rechtsverkehr nicht wissen, ob der Erblasser nicht doch noch ein anderes Testament mit abweichendem Inhalt hinterlassen hat. So fordern Banken trotz Vorlage eines notariellen Testaments die Vorlage des Eröffnungsprotokolls des Nachlassgerichts. In diesem Protokoll sind alle letztwilligen Verfügungen aufgeführt, die vom Nachlassgericht eröffnet wurden.

Liegen mehrere sich widersprechende Verfügungen vor, so gilt die zeitlich zuletzt abgefasste Verfügung als ausschlaggebend. Banken ist dies aber – zu Recht – häufig zu unsicher. Da sie die weiteren Verfügungen nicht kennen, wünschen sie dennoch einen Erbschein.

Gleiches gilt auch für die Fälle, in denen z. B. ein so genanntes gemeinschaftliches Testament vorliegt, welches eine Pflichtteilsstrafklausel enthält. Für Dritte ist nicht erkennbar, ob beim ersten Erbgang bereits Pflichtteilsansprüche geltend gemacht wurden und daher diese Person beim zweiten Erbfall als Erbe wegfällt. Auch hier wird vernünftigerweise von den Banken und Grundbuchämtern etc. die Vorlage eines Erbscheins verlangt, um Rechtssicherheit zu haben.

Dies bedeutet also, dass ein notarielles Testament nicht unbedingt die Gewähr bietet, die Kosten eines Erbscheins zu sparen.

Nach §§ 107, 107a KostO fällt für die Erteilung des Erbscheins eine 10/10 Gebühr an. Wird eine eidesstattliche Versicherung vom Antragsteller verlangt, verursacht dies eine weitere 10/10 Gebühr, wobei auch dann nur eine volle Gebühr anfällt, wenn mehrere Beteiligte eine eidesstattliche Versicherung in einer Urkunde abgeben. Der Geschäftswert errechnet sich für das Erbscheinsverfahren nach dem Wert des reinen Nachlasses abzüglich der Nachlassverbindlichkeiten.

Die Höhe einer 10/10 Gebühr richtet sich nach dem Wert. Die Gebühr beträgt z. B. bei einem Wert von

- 50.000,00 € $\rightarrow$ 132,00 €
- 100.000,00 € $\rightarrow$ 207,00 €
- 200.000,00 € $\rightarrow$ 357,00 €
- 250.000,00 € $\rightarrow$ 432,00 €
- 500.000,00 € $\rightarrow$ 807,00 €

Kosten sparen

Sie können Kosten für den Erbschein sparen, wenn Sie den Anwendungsbereich des Erbscheins einschränken. Benötigen Sie lediglich einen Erbschein für eine Änderung im Grundbuch, ist auch nur der Wert des Grundstücks bei der Kostenberechnung auschlaggebend, wobei eine so genannte Rückauflassungsvormerkung bei der Wertberechnung berücksichtigt werden muss.

Was geschieht mit Lebensversicherungen?

Wenn die Lebensversicherung bekannt ist

Die Auszahlungssumme einer Lebensversicherung ist dann nicht Teil des Nachlasses, wenn eine Bezugsberechtigung einer dritten Person im versicherungsrechtlichen Verhältnis besteht. Eine weitere Bedingung ist, dass im so genannten Valutaverhältnis zum Nachlass festgehalten wird, dass diese dritte Person die Versicherungssumme aufgrund einer Schenkung behalten darf (§ 330 BGB, §§ 166 ff. VVG).

Mit anderen Worten bedeutet dies: Hatte der Erblasser eine dritte Person im Lebensversicherungsvertrag als Bezugsberechtigten aufgeführt, erhält diese Person die vertraglich vereinbarte Geldsumme ausgezahlt. Dieser Geldbetrag ist – juristisch betrachtet – nicht Bestandteil des Nachlasses, sodass grundsätzlich ein Erbe keine Ansprüche auf die Auszahlungssumme geltend machen kann. Es liegt vielmehr eine Schenkung des Erblassers zu Lebzeiten zugunsten des Begünstigten vor.

Allerdings kann der Erbe, wenn das Bezugsrecht der dritten Person noch nicht bekannt ist und die Versicherung dem Dritten nicht Mitteilung von der Auszahlung gemacht hat, versuchen, dass diese Schenkung nicht vollzogen wird. Ein Bezugsrecht kann nach § 13 ALB (Allgemeine Bedingungen der Lebensversicherungen) nicht widerrufen werden. Vielmehr kann nur verhindert werden, dass das Schenkungsangebot dem Bezugsberechtigten durch das Versicherungsunternehmen unterbreitet wird. Gleichzeitig muss das Schenkungsangebot widerrufen werden.

Formulierungsvorschlag für Anschreiben an Lebensversicherung

An die Versicherung
<Adresse>

Versicherungs-Nr.:

Betr.: Otto Normalerblasser, geborener <Name>, zuletzt wohnhaft: <Ort>, geboren am <Datum>

Sehr geehrte Damen und Herren,

ausweislich des beigefügten Erbscheins des Amtsgerichts München - Nachlassgericht – vom 28.03.2005 bin ich Alleinerbe des am 28.02.2005 verstorbenen Otto Normalerblasser. Des Weiteren lege ich Ihnen eine Sterbeurkunde des Erblassers bei.

Nach den mir erteilten Informationen besteht eine Lebensversicherung des Erblassers zugunsten seiner geschiedenen Ehefrau.

Ich darf Sie bitten, mir die Höhe der auszuzahlenden Versicherungssumme mitzuteilen.

Sofern ein Bezugsrecht zugunsten der geschiedenen Ehefrau, Frau ..., besteht, so

widerrufe

ich vorsorglich den vom Erblasser Ihnen erteilten Auftrag, den Eintritt des Versicherungsfalls und die Zuwendung der Auszahlungssumme dieser Person mitzuteilen.

Rein vorsorglich habe ich zudem eine bankmäßige Identitätsbestätigung beigefügt. Im Falle des erfolgreichen Widerrufs bitte ich, die Auszahlungssumme aus der Lebensversicherung auf das <Konto> bei der <Bank mit BLZ> mit dem Vermerk „Auszahlung Lebensversicherung" zu überweisen.

Ist das Versicherungsverhältnis bereits vollständig abgewickelt, bitte ich um Mitteilung über die Höhe der ausgezahlten Versicherungsleistungen und über den Leistungsempfänger sowie um Mitteilung, ob die Auszahlung aufgrund des Bezugsrechts oder gegen Vorlage der Versicherungspolice erfolgte.

Mit freundlichen Grüßen

- Erbe -

War der Widerruf erfolgreich, muss die Lebensversicherungssumme an den oder die Erben ausgezahlt werden. Die einzelnen Versicherungsbedingungen der Unternehmen sind sehr unterschiedlich. Vorsorglich sollten Sie hier immer erst die Versicherungsbedingungen einsehen und sich kundigen Rechtsrat einholen.

Wenn die Lebensversicherung unbekannt ist

Häufig werden Lebensversicherungen zugunsten Dritter abgeschlossen, bei denen die Bezugsberechtigten entweder nicht bestimmt wurden oder aber bei denen die Bezugsberechtigung unbekannt ist. Somit sollten Sie routinemäßig das Vorhandensein von Lebensversicherungsverträgen prüfen. Die Information über das Bestehen solcher Verträge hat in der Praxis große Bedeutung,

Die Anfrage können Sie an den Gesamtverband der Deutschen Versicherungswirtschaft e. V., Friedrichstr. 191, in 10117 Berlin richten. Die Beantwortung der kostenlosen Anfrage, die nur im Erfolgsfall erfolgt, kann allerdings mehrere Monate dauern. Vorsorglich sollten Sie daher auf jeden Fall parallel bei der Hausbank und – soweit vorhanden – der Versicherungsgesellschaft anfragen, bei der der Erblasser überwiegend seine Versicherungen abgeschlossen hat. Eine etwaige Bezugsberechtigung Dritter wird allerdings nicht mitgeteilt.

Was passiert mit der Mietwohnung?

Seit dem 01.09.2001 gilt das neue Mietrecht. Die Neuregelungen der §§ 563, 564 BGB knüpfen an die Altregelungen der §§ 569–569 b BGB (alte Fassung) an. Mit dem Tod des Erblassers endet das Mietverhältnis nicht automatisch. Es ist also unbedingt vom Sonderkündigungsrecht Gebrauch zu machen, wenn die Angehörigen die Wohnung nicht übernehmen möchten.

Findet eine derartige Sonderrechtsnachfolge nicht statt, bleibt es beim Eintrittsrecht der Erben in das Mietverhältnis nach § 564 BGB. Neben dem Eintrittsrecht des Ehegatten besteht nunmehr auch das Eintrittsrecht des gleichgeschlechtlichen (und im Partnerschaftsregister eingetragenen) Lebenspartners. Die Rechtsprechung hinsichtlich des Eintrittsrechts nichtehelicher Partner hat im Gesetz unter § 563 Abs. 2 S. 4 BGB Niederschlag gefunden. Streng genommen dürfte es sich insgesamt nicht nur um ein Eintrittsrecht, sondern vielmehr um einen automatischen Eintritt handeln.

Die in das Mietverhältnis eingetretene Person hat nach § 563 Abs. 3 BGB eine einmonatige Überlegensfrist. Wird erklärt, das Mietverhältnis nicht fortsetzen zu wollen, gilt der Eintritt als nicht erfolgt. Bei mehreren Personen kommt es darauf an, ob alle vom Recht der Nichtfortsetzung Gebrauch machen wollen oder nicht. Wenn nur einer fortsetzen will, dann wird nur mit ihm fortgesetzt.

Nur für den Fall, dass keiner das Mietverhältnis fortsetzen will, besteht nach § 564 BGB sowohl für den Erben als auch für den Vermieter die Möglichkeit, außerordentlich zu kündigen.

Zur Ausübung dieses Kündigungsrechts steht dem Vermieter bzw. dem Erben lediglich eine Frist zur Überlegung von einem Monat ab Kenntnis vom Tod des Mieters und Kenntnis des Eintritts in das Mietverhältnis bzw. dessen Nichtfortsetzung durch berechtigte Personen zur Verfügung. Neu ist für den Vermieter, dass dieser nach § 573 BGB kein berechtigtes Interesse mehr an der Kündigung benötigt.

Formulierungsbeispiel für Kündigungsschreiben an den Vermieter

An

<Vermieter>

<Adresse>

Einschreiben mit Rückschein

Betr. Mietverhältnis <Straße>, <Ort>

Sehr geehrte/r <Name>,

ausweislich der beigefügten beglaubigten Abschrift des notariellen Testaments vom 01.02.2003 des Notars Dr. Wachtelmeier aus Westerhofen (alternativ: Erbschein) bin ich Alleinerbe des am 28.02.2005 verstorbenen **Otto Normalerblasser.**

Eine beglaubigte Kopie der Sterbeurkunde ist ebenfalls beigefügt. Der Erblasser ist Mieter des o. g. Wohnobjekts. Eintrittsberechtigte Personen sind nicht vorhanden.

Ich kündige in meiner Eigenschaft als Alleinerbe des am ... verstorbenen ... das Mietverhältnis gemäß Mietvertrag vom ... betreffend das Mietobjekt ... zum nächstzulässigen Zeitpunkt. Das ist der ... Die Kündigung erfolgt in Ausübung des mir zustehenden Rechts zur außerordentlichen Kündigung gemäß § 564 BGB.

Eventueller Zusatz: Das Mietobjekt wird bis spätestens ... geräumt sein und zur Übergabe zur Verfügung stehen. Ich werde Sie anrufen, um einen Übergabetermin mit Ihnen zu vereinbaren. Dabei würde ich es sehr begrüßen, wenn Sie sich schon recht bald um eine Neuvermietung bemühen würden, um ggf. einen Aufhebungsvertrag mit mir schließen zu können. Wenn Sie die Benennung eines Mietnachfolgers durch mich wünschen, der schon vor Wirksamwerden dieser Kündigung zum Abschluss eines Mietvertrags bereit ist, bitte ich um Unterrichtung.

Ich bitte, die Kaution binnen sechs Monaten nach Beendigung des Mietverhältnisses nach Maßgabe des § 551 BGB abzurechnen und den verbleibenden Betrag auf das Konto <Kontonummer> bei der <Bank und BLZ> mit dem Vermerk „Kaution Otto Normalerblasser" zu überweisen.

Weiter darf ich Sie bitten, mir den Eingang des Kündigungsschreibens und den Kündigungstermin schriftlich zu bestätigen.

Mit freundlichen Grüßen

<Name Alleinerbe>

Sonderfall Erbengemeinschaft

Besteht eine Erbengemeinschaft, müssen die Kündigungen vorsorglich von allen Mitgliedern der Erbengemeinschaft unterzeichnet werden oder aber ein Miterbe vertritt alle Erben und legt eine von allen anderen Miterben unterzeichnete Vollmacht vor.

Entfernung von Einrichtungsgegenständen und Einbauten des Erblassers

Haben Sie sich als Erbe entschlossen, das Mietverhältnis zu kündigen, stehen Sie vor der Aufgabe, innerhalb der Kündigungsfrist das Objekt zu räumen und eventuelle Reparaturen durchführen zu müssen. Dies kann zu erheblichen Problemen führen. Bei den Schönheitsreparaturen ist auf die Formulierung im Mietvertrag zu achten, wobei immer die neueste Rechtsprechung des Bundesgerichtshofs beachtet werden muss. Hier kann es sich lohnen, bei einem Fachanwalt für Mietrecht Informationen einzuholen. Außerdem müssen Fragen hinsichtlich der Kaution und der Behandlung von Mieterinvestitionen geklärt werden.

Grundsätzlich hat der Mieter dem Vermieter die Mietsache gem. §§ 546, 985 BGB nach Beendigung des Mietverhältnisses zurückzugeben. Die Beendigung tritt wegen § 188 BGB erst mit Ablauf des letzten Tages der Mietzeit ein. Im Einzelnen ist streitig, ob ein vorzeitiges Rückgaberecht besteht, was jedoch überwiegend verneint wird (OLG Dresden, NZM 2000, 827). Bei Mietverträgen über bewegliche Sachen sind diese am Wohnsitz des Vermieters als Bringschuld zurückzubringen.

Dementsprechend muss der Erbe zur Erfüllung der Rückgabepflicht alle Einrichtungen und Gegenstände aus der Wohnung entfernen, die vom Erblasser in diese gebracht wurden, um den ursprünglichen Zustand wiederherzustellen.

Diese Wegnahmepflicht betrifft z. B. Auslegware, Gardinen nebst Gardinenleisten Einbauküchen, Einbauschränke, Badeinrichtungen, Bodenfliesen, Holz-, Plastik- oder Styroporverkleidungen an der Decke und an den Wänden. Zunächst gilt es freilich zu klären, welche Einbauten überhaupt vom Erblasser stammen.

Eine Verpflichtung des Vermieters zur Übernahme solcher Gegenstände besteht nicht. Dies gilt selbst dann, wenn der Erbe bzw. die Erben kein Interesse an den ein- und anschließend ausgebauten Gegenständen haben (OLG Düsseldorf DWW 1990, 119; OLG Hamburg DWW 1990, 202). Auch eine etwaige vorherige Zustimmung des Vermieters am Einbau ändert daran nichts (kein Verzicht durch Vermieter; h. Rspr. BGH NJW 1959, 2163; LG Berlin WuM 1982, 245). Selbst wenn der Mieter die Gegenstände nicht selbst eingebaut, sondern vom Vormieter übernommen hat, bleibt generell die Verpflichtung zur Wegnahme bestehen. Entscheidend ist lediglich, ob er sich mit Zustimmung des Vermieters verpflichtet hat, am Ende der Mietzeit die Sachen wieder zu entfernen (ausführlich Horst, ZAP F 4, S. 581 ff.).

Folgende Ausnahmen von der Wegnahmepflicht sind vom Erben zu beachten:

- Kann der alte Zustand unmöglich wiederhergestellt werden, entfällt die Wegnahmeverpflichtung. Der Erbe sollte aber prüfen, ob dann nicht u. U. ein Aufwendungsersatzanspruch gegeben ist.
- Zu einem Zurückversetzen in einen schlechteren Zustand besteht ebenso keine Verpflichtung. Liegt also eine deutliche Wertverbesserung durch den vorherigen Einbau vor, kann die Wegnahme nicht gefordert werden (LG Hamburg WuM 1988, 305).
- Gleichermaßen verhält es sich dann, wenn die Räume ohnehin nach der Beendigung des Mieters durch den Vermieter umgestaltet werden (BGH NJW 1986, 309).
- Eine weitere Ausnahme bildet der Sachverhalt, wenn durch die Einbauten die Wohnung erst in einen vertragsgemäßen Zustand versetzt wurde (LG Bochum NJW 1967, 2015; LG Köln WuM 1995, 654). Dann hätte der Mieter auch einen Aufwendungsersatzanspruch aus § 538 Abs.2 BGB).

Sofern der Erblasser als Mieter bei einem Auszug einen Duldungsanspruch aus § 539 BGB gehabt hätte, ist dieser geltend zu machen. Das Wegnahmerecht verpflichtet dabei den Vermieter zur Duldung des Ausbaus von Gegenständen, die der Mieter in die Wohnung eingebracht hat. Einbauten, die nur zum vorübergehenden Zweck installiert wurden, zählen ohnehin wegen § 95 BGB nur als Scheinbestandteil und können jederzeit entfernt werden. Ist der Vermieter Eigentümer nach § 94 BGB geworden und nutzt er die Einrichtungsgegenstände nach der Rückgabe, so besteht ein Nutzungsentschädigungsanspruch. Das Wegnahmerecht besteht auch bei Einrichtungsgegenständen, die durch den Einbau des Mieters wesentlicher Bestandteil geworden sind. Grundsätzlich ist davon auszugehen, dass ein Mieter Einrichtungsgegenstände nur für die Dauer seines Mietverhältnisses mit der Wohnung verbinden will.

Das Wegnahmerecht aus § 539 BGB bezieht sich z. B. auf

- Leuchten,
- Antennen- und Satellitenanlagen,
- Sanitäranlagen (Waschbecken, Badewanne oder Toilette),
- Etagenheizung,
- Teppichböden,
- Spülen, Bade- und Kücheneinrichtungen (OLG Düsseldorf WuM 1995, 146 ff.) sowie
- umpflanzbare Bäume, Pflanzen, Hecken und Sträucher (OLG Köln WuM 1995, 268).

Nicht als Einrichtung nach § 539 BGB gelten z. B.:

- Fliesen (LG Berlin MM 1993, 27 f.),
- Leitungen oder
- Zwischendecken.

Allerdings kommt es immer auch auf den Einzelfall an.

Die Wegnahme ist grundsätzlich dem Vermieter anzuzeigen, da er ansonsten sein Recht aus § 552 BGB nicht ausüben könnte. Danach kann der Vermieter die Wegnahme durch Zahlung einer angemessenen Entschädigung, die sich nach dem Zeitwert bemisst (ohne Abzug der ersparten Kosten einer Wiederherstellung), abwenden. Hätte nach dem Ausbau die Sache keinen oder nur noch ganz geringen Wert, wird i. d. R. eine Entschädigung entfallen (LG Berlin MM 1993, 27 f.). Des Weiteren ist sein Vermieterpfandrecht nach § 562 Abs. 1 BGB zu beachten.

An den Vermieter verkaufen

Haben die Erben – wie meist – kein Interesse an den zu entfernenden Einrichtungsgegenständen, ist eine Vereinbarung über einen Verkauf an den Vermieter vorzuziehen.

Sollten die Erben des Mieters ein berechtigtes wirtschaftliches oder Liebhaberinteresse haben, scheidet der Abwendungsanspruch des Vermieters wiederum aus. Eine etwaige Verfallsklausel, wonach bei vorzeitiger Beendigung des Mietvertrags kein Aufwendungsersatzanspruch besteht, ist nach § 555 BGB unwirksam.

> **Vorsicht Verjährungsfrist**
>
> Besonderes Augenmerk hat der Testamentsvollstrecker auf die Verjährungsfrist des § 548 Abs. 2 BGB zu richten. Ersatzansprüche des Vermieters wegen Veränderungen oder Verschlechterungen der Mietsache sowie die Ansprüche des Mieters auf Ersatz von Verwendungen oder auf Gestattung der Wegnahme einer Einrichtung verjähren nach sechs Monaten. Die Verjährung beginnt für den Vermieter mit der Rückgabe der Mietsache, für den Mieter mit der Beendigung des Mietverhältnisses.

Ausübung des Vermieterpfandrechts

Sofern der Vermieter ein Vermieterpfandrecht gegen die Wegnahme der Einrichtungsgegenstände einwendet, kann der Erbe entweder die Forderung des Vermieters erfüllen oder aber nach § 562 BGB in Höhe des Einrichtungswerts eine Sicherheit leisten. Macht der Vermieter von seinem Vermieterpfandrecht Gebrauch, ist vom Testamentsvollstrecker unbedingt darauf zu achten, dass der Vermieter diese Gegenstände auch öffentlich versteigern lässt und nicht selbst behält oder weiterverkauft. Gleiches gilt selbstverständlich auch umgekehrt, wenn der Erblasser Vermieter war und der Erbe das Vermieterpfandrecht ausübt.

Bauliche Veränderungen – wie der Einbau von neuen Parkett- oder Teppichfußböden – fallen nicht unter den Schutz des § 539 BGB. Eine Berechtigung zur Entfernung kann sich lediglich aus einer vertraglichen Vereinbarung ergeben. Da regelmäßig eine derartige Vereinbarung nicht im Mietvertrag enthalten ist und häufig keine schriftliche Zustimmungserklärung zum Einbau durch den Vermieter vorliegt, muss der Erbe sich zunächst bemühen, mit dem Vermieter eine einvernehmliche Regelung zu treffen. Andernfalls kann der Vermieter verlangen, dass alle baulichen Veränderungen, die ohne seine Zustimmung erfolgt sind, entfernt werden.

Schadensersatzansprüche des Vermieters

Wird beim Auszug durch die Wegnahme die Mietwohnung beschädigt, bestehen auf Seiten des Vermieters Schadensersatzansprüche, unabhängig davon, ob die Beschädigung unvermeidlich war (OLG Düsseldorf NJW-RR 1989, 663). Der Vermieter muss allerdings eine Frist zur Beseitigung der Beschädigungen setzen, um in den Genuss des Schadensersatzanspruchs zu kommen, wenn der Erbe nicht den ursprünglichen Zustand wiederhergestellt hat.

Der Erbe hat nach der Beendigung des Mietverhältnisses kein Betretungsrecht der Wohnung mehr. Er muss sich daher auf jeden Fall zuvor mit dem Vermieter verständigen.

Was Sie beim Auszug beachten sollten

Bei Auszug aus der Wohnung ist das übliche Abnahmeprotokoll mit allen Zählerständen etc. zu fertigen und vom Vermieter gegenzeichnen zu lassen.

Um eine sachgerechte Lösung für die Entschädigung zu finden, ist es ratsam, wenn der Erbe mit dem Vermieter eine Abgeltungs- oder Abwohnvereinbarung schließt. Gleichzeitig kann eine Vereinbarung zur Verrechnung mit der Kaution und einem etwaigen Guthaben oder Soll aus der letzten Nebenkostenabrechnung getroffen werden.

Nicht übersehen werden darf eine etwaige Verkehrssicherungspflicht des Erblassers gegenüber Dritten, die es von Seiten des oder der Erben zu erfüllen gilt. Fege- und Treppenreinigungsdienste sind weiterhin gemäß der jeweiligen Hausordnung – sofern vorhanden – zu erfüllen. Wenn die Straßenreinigung und der Winterdienst per Hausordnung auf den Mieter übertragen wurden, ist hier rechtzeitig auf die Durchführung der Arbeiten zu achten, die der Erbe auch Dritten übertragen kann.

Gleichzeitig mit der Kündigung des Mietverhältnisses sind die weiteren Verträge mit den Versorgungsleistern zu kündigen. Die Namen der einzelnen Versorger ergeben sich aus den Kontoauszügen, da überwiegend entweder Lastschriften oder aber Überweisungen getätigt werden. Denken Sie dabei an folgende Versorgungsleister:

- Energieversorger für Strom, Heizöl, Gas etc.,
- Gebühreneinzugszentrale (GEZ, Postfach 10 80 25, 50656 Köln),
- Telefon (stationärer und/oder mobiler) Anschluss sowie
- Kabelanschluss und private Fernsehkanäle (z. B. Premiere).

Im Schreiben sollten Sie auf jeden Fall die jeweilige Kundennummer und das Kassenzeichen angeben, ggf. auch Zählerstände.

Formulierungsbeispiel Kündigungsschreiben an Versorgungsunternehmen

An <Versorgungsunternehmen>

Einschreiben mit Rückschein

Betr.: Stromlieferungsvertrag

Kunde: <Name und Adresse>

Kundennummer: Kassenzeichen:

Sehr geehrte Damen und Herren,

ausweislich der beigefügten beglaubigten Abschrift des notariellen Testaments vom 01.02.2003 des Notars Dr. Wachtelmeier aus Westerhofen (alternativ: Erbschein) bin ich Alleinerbe des am 28.02.2005 verstorbenen **Otto Normalerblasser.**

Eine beglaubigte Kopie der Sterbeurkunde ist ebenfalls beigefügt. Der Erblasser ist Mieter des o. g. Wohnobjekts.

Hiermit kündige ich in meiner Eigenschaft als Alleinerbe den Versorgungsvertrag zwischen Ihnen und dem Erblasser.

Eine etwaige Einzugsermächtigung widerrufe ich mit sofortiger Wirkung.

Der Stromzähler hat am <Datum> folgenden Zählerstand aufgewiesen: <Wert>

Ich bitte Sie, mir den Kündigungszeitpunkt schriftlich zu bestätigen und mir eine Schlussabrechnung über die Gebühren zu überreichen.

Sofern ein Abrechnungsguthaben besteht, ist der Betrag auf das Konto <Kontonummer> bei der <Bank mit BLZ> unter Angabe des Verwendungszwecks zu überweisen.

Mit freundlichen Grüßen

<Name Alleinerbe>

Formulierungsbeispiel Abmeldung bei der GEZ

An die Gebühreneinzugszentrale

Postfach 10 80 25

50656 Köln

Einschreiben mit Rückschein

Teilnehmer: <Name und Adresse>

Teilnehmernummer:

Sehr geehrte Damen und Herren,

ausweislich der beigefügten beglaubigten Abschrift des notariellen Testaments vom 01.02.2003 des Notars Dr. Wachtelmeier aus Westerhofen (alternativ: Erbschein) bin ich Alleinerbe des am 28.02.2005 verstorbenen **Otto Normalerblasser.**

Eine beglaubigte Kopie der Sterbeurkunde ist ebenfalls beigefügt. Der Erblasser ist Mieter des o. g. Wohnobjekts.

Hiermit kündige ich in meiner Eigenschaft als Alleinerbe den Teilnehmeranschluss.

Eine etwaige Einzugsermächtigung widerrufe ich mit sofortiger Wirkung.

Ich bitte Sie, mir den Kündigungszeitpunkt schriftlich zu bestätigen und mir eine Schlussabrechnung über die Gebühren zu überreichen.

Sofern ein Abrechnungsguthaben besteht, ist der Betrag auf das Konto <Kontonummer> bei der <Bank mit BLZ> unter Angabe des Verwendungszwecks zu überweisen.

Mit freundlichen Grüßen

<Name Alleinerbe>

Rückwirkende Kündigung nicht möglich

Die Kündigung bei der GEZ hat umgehend zu erfolgen, da ein rückwirkende Abmeldung nicht möglich ist.

Kündigungsschreiben für eine Versicherung

<Versicherungsgesellschaft>

Einschreiben mit Rückschein

Betr. Kündigung der Versicherung

Versicherungsnehmer: Otto Normalerblasser

Versicherungsnummer:

Sehr geehrte Damen und Herren,

ausweislich der beigefügten beglaubigten Abschrift des notariellen Testaments vom 01.02.2003 des Notars Dr. Wachtelmeier aus Westerhofen bin ich Alleinerbe des am 28.02.2005 verstorbenen **Otto Normalerblasser.**

Eine beglaubigte Kopie der Sterbeurkunde ist ebenfalls beigefügt.

Bei einer ersten Durchsicht der Unterlagen habe ich eine Police Ihres Versicherungsunternehmens entdeckt.

Art der Versicherung:

VersicherungsNr.:

Hiermit kündige ich mit sofortiger Wirkung, hilfsweise zum nächstmöglichen Termin, o. g. Versicherung bzw. vorsorglich alle bei Ihrem Unternehmen bestehenden Versicherungen.

Ich bitte Sie, mir den Eingang dieses Schreibens und den genauen Kündigungszeitpunkt schriftlich zu bestätigen.

Bitte teilen Sie mir auch mit, ob der Erblasser weitere Versicherungen mit Ihrem Unternehmen abgeschlossen hat.

Sollte der Erblasser mit Beiträgen im Rückstand sein, bitte ich, mir diese Rückstände zu beziffern und zu belegen, damit ich die Forderung ausgleichen kann.

Sollten Sie noch weitere Unterlagen benötigen, bitte ich um entsprechende Mitteilung. Ich werde auf die Angelegenheit binnen der nächsten vier Wochen unaufgefordert zurückkommen und bitte Sie, keine kostenauslösenden Maßnahmen zu ergreifen.

Mit freundlichen Grüßen

Name Erbe

Testamentarische Regelungen für den Erbfall

Das Erbrecht wird mit Recht als die wohl komplizierteste Materie im Bürgerlichen Gesetzbuch bezeichnet. Gerade in diesem Rechtsgebiet kommt es häufig auf feinste Nuancen an, die sich auf den Fall so oder so auswirken. Eine ausführliche Darstellung würde somit den Rahmen dieser Vorsorgemappe sprengen. Nachfolgend soll daher nur in sehr groben Zügen auf die einzelnen Regelungen des Erbrechts in Form von Kurzübersichten eingegangen werden. Zur Vertiefung sei auf das ebenfalls im Haufe Verlag erschienene Werk „Richtig erben und vererben" von Günter Huber (4. Auflage) verwiesen.

Wer erbt, wenn kein Testament oder Erbvertrag vorliegt?

Wenn kein Testament oder Erbvertrag vorhanden ist, richtet sich die Erfolge nach den Regelungen im Bürgerlichen Gesetzbuch BGB. Die gesetzliche Erbfolge ist in den §§ 1924 ff. BGB geregelt.

Das Erbrecht richtet sich abhängig vom Verwandtschaftsgrad nach bestimmten Systemen und Prinzipien. Die Regelungen sind in §§ 1924–1930 BGB zu finden.

Zunächst gilt das sog. Parentelsystem: Nach diesem Parentelsystem (parentela = Abstammung, Verwandtschaft) ist die Gesamtheit der Abkömmlinge eines Stammvaters ausschlaggebend. Die Einteilung der Ordnung erfolgt nach verwandtschaftlicher Nähe Im Einzelnen unterscheidet man zwischen folgenden Ordnungen.

- Erben erster Ordnung = Abkömmlinge des Erblassers, also Kinder und Enkel (§ 1924 Abs. 1 BGB),
- Erben zweiter Ordnung = Eltern des Erblassers und deren Abkömmlinge, also die Geschwister sowie Nichten und Neffen des Erblassers (§ 1925 Abs. 1 BGB),
- Erben dritter Ordnung = Großeltern und deren Abkömmlinge, also Onkel, Tante, Cousins des Erblassers (§ 1926 Abs.1 BGB),
- Erben vierter Ordnung = Urgroßeltern und deren Abkömmlinge (§ 1928 Abs.1 BGB) und
- Erben fünfter Ordnung = entferntere Verwandte und deren Abkömmlinge (§ 1929 Abs.1 BGB).

Die nachfolgende Grafik soll die gesetzliche Erbfolge verdeutlichen:

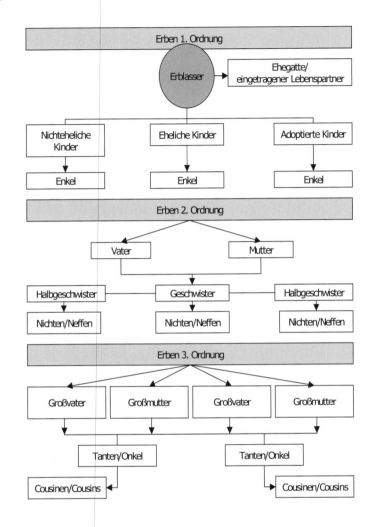

Im Rahmen der gesetzlichen Erbfolge gilt zudem folgende vereinfachte Regel: Erben erster Ordnung schließen Erben zweiter Ordnung aus usw. (§ 1930 BGB).

Dies bedeutet: Wenn Kinder (= Erben erster Ordnung) vorhanden sind, werden z. B. die eigenen Eltern (= Erben zweiter Ordnung) des Erblassers von der Erbfolge ausgeschlossen. Kindeskinder sind also durch Kinder ausgeschlossen. Beispiel: Ein Erblasser hinterlässt zwei Töchter (damit Erbinnen), die wiederum zwei Söhne haben (von der Erbfolge ausgeschlossen).

Eine weitere Regel lautet: An die Stelle eines vorher weggefallenen gesetzlichen Erben treten seine Abkömmlinge, § 1924 Abs. 3 BGB. Beispiel: Ein Erblasser hinterlässt zwei Söhne, die jeweils zwei bzw. drei Kinder haben. Jeder Sohn erhält die Hälfte. Bei Vorversterben teilen sich seine Abkömmlinge seinen Anteil.

Aus der vorangegangenen Grafik kann man zudem auch die weitere Erbfolge nach dem so genannten Linienprinzip erkennen: Dieses Linienprinzip greift erst ab der zweiten Ordnung und betrifft die aufsteigende Linie. Beispiel: Ein Erblasser hinterlässt keine Abkömmlinge. Er hat noch einen Vater und zwei Geschwister. Dann erhält der Elternteil die Hälfte nach § 1925 Abs. 2 BGB und die Geschwister erben nach §§ 1925 Abs. 3, 1924 Abs. 3 BGB je ein Viertel.

Sind keine Geschwister vorhanden, erben die Eltern alles. Halbgeschwistern steht nur die Hälfte des Nachlasses zu. Beispiel: Ein Erblasser verstirbt ohne Abkömmlinge. Er hatte zwei Vollgeschwister S1 und S2 und eine Halbschwester T (über die Linie des Vaters). Die Eltern sind vorverstorben. Lösung: S1, S2 erben je ein Viertel v. Mutter; S1, S2, T erben je ein Sechstel v. Vater: Also von Bruder und Erblasser: S1, S2 = je 5/12 und T = 2/12.

Wer ist überhaupt Verwandter im Sinne des Erbrechts?

Die Verwandtschaft wird über die Eltern abgeleitet. Insofern ist wichtig, wer rechtlich der Vater und wer die Mutter ist.

Vater ist nach § 1592 BGB der Mann,

- der zum Zeitpunkt der Geburt mit der Mutter des Kindes verheiratet war oder
- der die Vaterschaft anerkannt hat oder
- dessen Vaterschaft nach § 1600d BGB gerichtlich festgestellt wurde.

Der Gesetzgeber hat noch weitere komplizierte Regelungen parat, denn nach § 1593 BGB gilt noch eine Erweiterung: Wird eine Ehe durch Tod beendet und wird das Kind nach 300 Tagen geboren, gilt der Erblasser als Vater. Hiervon gibt es wiederum eine Ausnahme: Kommt es zur Wiederheirat und Geburt innerhalb von 300 Tagen, dann gilt der neue Ehemann als Vater.

Mutter ist nach § 1591 BGB, die Person, die das Kind geboren hat. Die tatsächliche genetische Mutter ist also nicht relevant. Sie hat auch kein Anfechtungsrecht.

Eine Verwandtschaft kann zudem durch Adoption erfolgen.

Nichteheliche Kinder oder wie es im Juristendeutsch korrekt heißt „Kinder nicht miteinander verheirateter Eltern" sind ehelichen Kinder gleichgestellt. Davon gibt es geringe Ausnahmen, wenn z. B. die Geburt des nichtehelichen Kindes vor dem 01.07.1949 erfolgt ist. Dann kann es sein, dass keine erbrechtlichen Ansprüche bestehen. Gleiches gilt für Adoptionen, die vor dem 01.01.1977 durchgeführt wurden.

Wie ist das Erbrecht des Ehegatten geregelt?

Ausgangsnorm für das Ehegattenerbrecht ist § 1931 BGB. Für die Höhe des jeweiligen gesetzlichen Erbteils des überlebenden Ehegatten ist ausschlaggebend, welche Ordnung die erbenden Verwandten haben und welcher Güterstand besteht. Die Erbquote beträgt:

- neben Verwandten erster Ordnung: 1/4,
- neben Verwandten der zweiten Ordnung und neben Großeltern: 1/2.

Bei fehlender vertraglicher Regelung der Eheleute gilt immer der gesetzliche Güterstand, nämlich Zugewinnausgleich, da bei Gütertrennung oder Gütergemeinschaft eine besondere Vereinbarung notwendig ist.

Ist ein Großelternteil vorverstorben und sind Abkömmlinge vorhanden, so schließt der Ehegatte diese Abkömmlinge aus. Er erhält also mindestens die Hälfte der Erbschaft und für jeden weggefallenen Großelternteil ein weiteres Achtel (vgl. § 1931 Abs. 1 Satz 2 BGB). Das Gesetz weicht also von der Grundregel des § 1926 III, Satz 1 ab.

Sind auch die Großeltern verstorben, erhält der überlebende Ehegatte die ganze Erbschaft, § 1931 Abs. 2 BGB.

Besonderheiten des Erbrechts des Ehegatten beim gesetzlichen Güterstand der Zugewinngemeinschaft, §§ 1931 Abs. 3, 1371 BGB

Gemäß §§ 1931 Abs. 3, 1371 Abs. 1 BGB erhöht sich beim gesetzlichen Güterstand der Zugewinngemeinschaft der Ehegattenerbteil um ein weiteres Viertel. Das bedeutet, dass der Ehegatte neben Erben der ersten Ordnung zu einer Quote von 1/2 und neben Verwandten der zweiten und dritten Ordnung zu einer Quote von 3/4 als Erbe berechtigt ist.

Bei dieser so genannten erbrechtlichen Lösung der Beteiligung des Ehegatten am Nachlass des Erblassers ist es unerheblich, ob die Ehegatten während des Bestehens der Ehe Zugewinn erzielt haben oder nicht. Die Erhöhung des gesetzlichen Erbteils um 1/4 stellt somit eine pauschale, nicht am tatsächlichen Zugewinn orientierte Abgeltung des Zugewinnausgleichs dar. Insbesondere bei kurzer Ehedauer oder hohem Anfangsvermögen des Erblassers fährt der Ehegatte somit besser als bei der so genannten güterrechtlichen Lösung.

Bei der güterrechtlichen Lösung wird der Ehegatte nicht Erbe. Er kann, da der Güterstand durch den Tod seines Ehegatten beendet wurde, gemäß den Vorschriften der §§ 1373–1383, 1390 BGB Ausgleich des (konkret entstandenen) Zugewinns verlangen, § 1371 Abs. 2 BGB. Neben dem Anspruch auf Ausgleich des Zugewinns erhält der Ehegatte den Pflichtteil, da er gemäß § 2303 Abs. 2 BGB pflichtteilsberechtigt ist. Der Pflichtteil bestimmt sich in diesem Fall aber nicht nach dem erhöhten, gesetzlichen Erbteil des § 1371 Abs. 1 BGB. Für die Berechnung des Pflichtteils verbleibt es bei der Grundregelung des § 1931 Abs. 1 und 2 BGB. Demgemäß hat der Ehegatte beim Vorhandensein von Abkömmlingen einen Pflichtteilsanspruch von 1/8 des Nettonachlasses und neben Verwandten der zweiten Ordnung eine Pflichtteilsquote in Höhe von 1/4.

Zur güterrechtlichen Lösung kommt es in zwei Fällen:

- Fall 1: Der Ehegatte ist enterbt und erhält auch kein Vermächtnis (§ 1371 Abs. 2 BGB).
- Fall 2: Der Ehegatte ist (gesetzlicher oder testamentarischer) Erbe oder Vermächtnisnehmer, er schlägt die Erbschaft bzw. das Vermächtnis jedoch aus.

> **Ausschlagung von Erbe und Vermächtnis notwendig**
> Die Ausschlagung muss sich sowohl auf das Erbe als auch auf das Vermächtnis beziehen. Es reicht nicht aus, dass der Ehegatte nur die Erbschaft, aber nicht das Vermächtnis ausschlägt.

Aufgrund des in § 1371 Abs. 3 BGB konstituierten Ausschlagungsrechts des Ehegatten hat dieser also die Wahl, ob er das ihm hinterlassene Erbe oder Vermächtnis annimmt oder den Ausgleich des Zugewinns (zusammen mit dem kleinen Pflichtteil in Höhe von 1/8) wählt.

Ein weiteres Wahlrecht des überlebenden Ehegatten besteht darin, dass er anstelle des Zugewinns den so genannten großen Pflichtteil (Berechnung des Pflichtteils unter Berücksichtigung der Erhöhung um ein Viertel gemäß § 1371 Abs. 1 BGB) erhält.

Übersicht über die Auswirkung des Güterstandes

Die nachfolgende Übersicht verdeutlicht, wie sich die gesetzliche Erbquote des überlebenden Ehegatten durch die Geburt von eigenen Abkömmlingen verändern kann.

Güterstand	ein Abkömmling	zwei Abkömmlinge	mehr als zwei Abkömmlinge
Zugewinngemeinschaft	1/2	1/2	1/2
Gütertrennung	1/2	1/3	1/4
Gütergemeinschaft	1/4	1/4	1/4

Welche Möglichkeiten bestehen für ein Testament?

Möchten Sie nicht, dass die gesetzliche Erbfolge greift, müssen Sie eine letztwillige Verfügung abfassen. Im Einzelnen gibt es mehrere Möglichkeiten, wobei hier nur auf die gängigsten verwiesen wird:

1. Abfassen eines privatschriftlichen Testaments:
   - Es muss vom Anfang bis zum Ende eigenhändig geschrieben und unterschrieben sein. Maschinenschriftliche Testamente gelten nicht als eigenhändig!
   - Das Testament muss mit Vor- und Zunamen unterzeichnet werden.
   - Ort und Datum ist zwar für die Wirksamkeit nicht notwendig, aber sehr ratsam, insbesondere wenn mehrere Testamente, die sich widersprechen, vorliegen.
   - Die amtliche Verwahrung beim Nachlassgericht kann auch bei einem handschriftlichen Testament vorgenommen werden.

2. Abfassen eines öffentlichen Testaments oder Erbvertrags:
   - Beides kann nur beim Notar errichtet werden.
   - Es wird automatisch hinterlegt.
   - Es ist geeignet für Schreibunkundige oder Personen, die zum Schreiben nicht mehr in der Lage sind.
   - Ein Erbvertrag hat starke Bindungswirkung und kann regelmäßig nicht ohne weiteres wieder abgeändert werden.

3. Abfassen eines gemeinschaftlichen Testaments:
   - Es kann sowohl privatschriftlich als auch öffentlich erfolgen.
   - Es wird von beiden Ehegatten verfasst und unterzeichnet.
   - Vorsicht: beschränkte Abänderbarkeit nach Tod des Ehegatten durch mögliche Bindungswirkung wie z. B. beim so genannten Berliner Testament.
   - Das gemeinschaftliche Testament in Form des Berliner Testaments kann sehr ungünstige erbschaftsteuerliche Folgen haben.

Tipps für die Erbfolgeplanung

- Setzen Sie die vorweggenommene Erbfolge gezielt ein.
- Errichten Sie rechtzeitig ein Testament.
- Verfassen Sie ein rechtsgültiges Testament.
- Verwahren Sie Ihr Testament an einem sicheren Ort.
- Halten Sie Ihr Testament auf neuestem Stand.
- Überprüfen Sie in regelmäßigen Abständen, ob es sich tatsächlich noch um Ihren letzten Willen handelt oder ob neue Aspekte hinzugekommen sind.
- Steuern Sie die Erbengemeinschaft durch das Testament.
- Beachten Sie Pflichtteilsansprüche.
- Bedenken Sie die Möglichkeit einer Ausschlagung.
- Planen Sie die Erbschaftsteuer mit ein.

Welche Gestaltungsmöglichkeiten gibt es?

Testamente sowohl zivilrechtlich als auch steuerlich richtig zu gestalten ist sehr schwierig. Es ist grundsätzlich nicht anzuraten, ohne vorherige Konsultation eines auf Erbrecht spezialisierten Juristen eine letztwillige Verfügung zu verfassen.

Erbrechtexperten

Experten im Erbrecht können Sie unter www.erbrecht.de finden oder fragen Sie bei Ihrer örtlichen Anwaltskammer nach Fachanwälten für Erbrecht.

Im Einzelnen gibt es zahlreiche Gestaltungsinstrumente, so dass hier lediglich die wichtigsten Möglichkeiten dargestellt werden können: Diese sind

- Vermächtnisse,
- Auflagen,
- Ersatzerbschaft,
- Vor- und Nacherbschaft,
- Teilungsanordnungen,
- Testamentsvollstreckung und
- Pflichtteilsbeschränkung.

Nachfolgend werden diese Punkte kurz zusammengefasst dargestellt:

Was ist ein Vermächtnis?

- Ein Vermächtnisnehmer erhält z. B. einzelne Vermögensteile wie Geldansprüche oder Forderungen wie Wohnrechte.
- Er muss nicht zusätzlich Erbe werden.
- Der Erbe ist zur Übertragung an den Vermächtnisnehmer verpflichtet.
- Besonderheit: Anders als bei der Erbeinsetzung darf es der Erblasser einem Dritten überlassen zu bestimmen, wer aus einem vom Erblasser vorgegebenen Personenkreis Vermächtnisnehmer werden soll.
- Besondere Vermächtnisarten sind z. B.: Vorausvermächtnis, Ersatzvermächtnis, Nachvermächtnis.

Was ist eine Auflage?

- Der Erblasser kann „durch Testament den Erben oder einen Vermächtnisnehmer zu einer Leistung verpflichten, ohne einem anderen ein Recht auf die Leistung zuzuwenden (Auflage)" (§ 1940 BGB).
- Gegenstand einer Auflage kann jedes beliebige Tun oder Unterlassen sein (z. B. Grabpflege).
- Ist ein Begünstigter vorhanden, hat er keinen Anspruch auf Erfüllung der Verpflichtung. Die Durchsetzung ist aber durch den Testamentsvollstrecker möglich!

Was ist Ersatzerbschaft?

- Der Ersatzerbe erbt z. B. dann, wenn der ursprünglich als Erbe Eingesetzte vor dem Erbfall stirbt oder wenn er das Erbe nach dem Erbfall ausschlägt.
- Ebenso kann in einem Vermächtnis ein Ersatzvermächtnisnehmer (vgl. § 2190 BGB) und ein Ersatztestamentsvollstrecker bestellt (§ 2197 Abs. 2 BGB) werden.

Was ist Vor- und Nacherbschaft?

- Das Vorerbenvermögen und das Eigenvermögen vermischen sich nicht. Die Vorerbschaft fällt also nicht in das Eigentum und damit in den Nachlass des Vorerben. Wenn der Vorerbe verstirbt und sein Erbe ist etwa der Sohn, so geht dennoch der Rest vom Vorerbe an den Nacherben, ohne dass dies der Vorerbe ohne weiteres ändern kann. Der Sohn erhält also nur das Eigenvermögen des Erblassers.

- Der Vorerbe ist quasi Treuhänder für den Nacherben.
- Der Vorerbe ist grundsätzlich verfügungsbeschränkt. So kann der Vorerbe z. B. nicht ein Grundstück aus dem Nachlass veräußern oder verschenken.
- Von diesen Beschränkungen sind Befreiungen möglich. Schenkungen sind jedoch trotz Befreiung nicht zuungunsten des Nacherben möglich.
- Es handelt sich um ein sehr gutes Gestaltungsinstrument bei überschuldeten oder behinderten Erben sowie bei geschiedenen Erblassern.

Was sind Teilungsanordnungen?

- Der Erblasser setzt fest, wie der Nachlass unter den Miterben aufgeteilt werden soll.
- Es besteht aber keine Gewährleistung, dass ein Erbe auch den für ihn vorgesehenen Gegenstand erhält, da jeder Miterbe die Aufteilung der Erbmasse verlangen kann.
- Bei fehlender Einigung drohen Verkauf oder Versteigerung des Nachlasses.
- Der Erblasser kann die Auseinandersetzung höchstens 30 Jahre verhindern!

Was bedeutet Testamentsvollstreckung?

- Bei der Vollstreckung des Testaments wird die ordnungsgemäße Nachlassverteilung und Nachlassverwaltung sichergestellt.
- Die Erben werden durch den Testamentsvollstrecker in ihrer Rechtsstellung beschränkt.
- Den Erben ist eine Verfügung über den Nachlassgegenstand möglich.
- Testamentsvollstrecker kann jede Person sein.
- Die Verwaltung des Nachlasses kann ganz oder nur für bestimmte Teile in die Hände des Testamentsvollstreckers gelegt werden, ebenso nur für bestimmte Zwecke.
- Die einzelnen Aufgaben des Testamentsvollstreckers sollte man ganz genau festlegen!

Was ist ein Pflichtteil?

- Der Pflichtteil beträgt die Hälfte des gesetzlichen Erbteils.
- Der Pflichtteil kann nur unter bestimmten Umständen entzogen werden.
- Er ist ein Geldanspruch, der in bar sofort nach Geltendmachung i. d. R. durch den Erben zu entrichten ist.
- Bei Schenkungen vor dem Tode können diese ggf. sog. Pflichtteilsergänzungsansprüche nach dem Tode des Erblasser auslösen.
- Schenkungen vor dem Tode werden also u. U. so gewertet, als wenn sie zum Zeitpunkt des Todes noch im Nachlass gewesen wären.
- Pflichtteilsberechtigt sind die Erben erster Ordnung (Kinder sowie der Ehegatte ggf. Enkel und Eltern – nicht die Geschwister)
- Auf den Pflichtteil kann man zu Lebzeiten des Erblassers verzichten, wobei dieser Verzicht notariell beurkundet werden muss.

Übersicht: Wer ist pflichtteilsberechtigt?

```
                    ┌──────────┴──────────┐
              ┌──────────┐          ┌──────────┐
              │  Mutter  │          │  Vater   │
              └──────────┘          └──────────┘
                         ┌──────────┐      ┌──────────┐
                         │ Erblasser│      │ Ehegatte │
                         └──────────┘      └──────────┘
        ┌──────────┐   ┌──────────┐   ┌──────────┐
        │Nicht-    │   │ Eheliche │   │Adoptiv-  │
        │eheliche  │   │  Kinder  │   │ kinder   │
        │Kinder    │   └──────────┘   └──────────┘
        └──────────┘
        ┌──────┐      ┌──────┐      ┌──────┐
        │Enkel │      │Enkel │      │Enkel │
        └──────┘      └──────┘      └──────┘
```

Anmerkung: Lebende Kinder schließen Enkel aus! Erben 1. Ordnung schließen Erben 2. Ordnung aus!

Worauf sollten Sie bei der Abfassung eines privatschriftlichen Testaments besonders achten?

Bei einem privatschriftlichen Testament ist wichtig, dass der Urheber nachweisbar ist. Lassen Sie sich daher entweder die Unterschrift unbedingt von einem Notar beglaubigen (nicht beurkunden!) oder aber von Zeugen bestätigen.
Ferner muss das Testament wirklich von Hand geschrieben sein.
Folgendes Aufbauschema hat sich in der Praxis für einseitige Testamente bewährt:

Aufbauschema für einseitige Testamente

1. Einleitung

- Einführung mit allen Vor- und Zunamen (einschließlich Geburtsname) des Erblassers unter Nennung von Geburtsdatum und derzeitigem Wohnort.
- Erklärung über die Staatsangehörigkeit des Erblassers und ob er Vermögen – insbesondere Grundvermögen – im Ausland besitzt.
- Hinweis, dass man nicht an Erbverträge oder andere letztwillige Verfügungen gebunden ist (ggf. vom Fachmann über die Bindungswirkung vorher informieren lassen!).
- Hinweis, dass mit diesem Testament alle bisherigen letztwilligen Verfügungen widerrufen werden.

2. Einsetzung eines Erben (Vollerben)

- Bestimmung eines Alleinerben oder mehrerer Miterben (in Erbengemeinschaft).
- Regelung von Erbquoten (Bruchteile oder Prozentsätze), wobei darauf zu achten ist, dass die Erben hinreichend bestimmt oder im Zeitpunkt des Erbfalls bestimmbar sind. Bei der Bezeichnung der Erben bietet sich an, den letzten Wohnsitz und nach Möglichkeit das Geburtsdatum und den Geburtsort festzuhalten; bei juristischen Personen ist der genaue Sitz etc. anzugeben.
- Die ausdrückliche Bestimmung von Ersatzerben (§ 2096 BGB); ratsam ist es, nacheinander zu berufen, ggf. mit der Bestimmung, dass die ausdrücklichen und vermuteten Ersatzerbenberufungen bei einem Zuwendungsverzicht eines zunächst Berufenen entfallen.
- Wenn keine Ersatzerben berufen werden sollen, ist die Aufnahme eines ausdrücklichen Verzichts ratsam oder bei einer Miterbengemeinschaft die Frage der Anwachsung zu klären, also ob der Erbteil des weggefallenen Erben auf die anderen verbleibenden Erben übergehen soll.

3. Einsetzung eines Vor- und Nacherben

- Einsetzung einer oder mehrerer Personen zu Vorerben unter Angabe der jeweiligen Quote des Vor- und Nacherben.
- Sollen die Erbteile aller Erben der Nacherbfolge unterliegen oder nur die von einigen?
- Soll jeweils der ganze Erbteil eines Erben der Nacherbfolge unterliegen oder nur ein Bruchteil?
- Soll die Nacherbfolge aufschiebend, auflösend bedingt oder befristet sein?
- Soll im Fall der aufschiebenden Bedingung die Anwartschaft trotz § 2074 BGB vererblich sein?
- Ist der Zeitpunkt oder das Ereignis, zu dem der Nacherbfall eintreten soll, eindeutig bestimmt?
- Soll eine mehrfache Nacherbfolge hintereinander angeordnet werden?
- Bestimmung von Ersatzerben für den Vor- und Nacherben.
- Sind ein oder mehrere Ersatzerben für den Vorerben bestimmt? Sonst ist nach § 2102 Abs. 1 BGB der Nacherbe Ersatzerbe des Vorerben!
- Sind ein oder mehrere Ersatznacherben für den Nacherben eingesetzt?
- Soll die Nacherbenanwartschaft nach dem Erbfall vererblich und/oder veräußerlich sein? Darüber ist auch dann eine ausdrückliche Bestimmung zu treffen, wenn Ersatznacherbfolge angeordnet ist!
- Befreiung des Vorerben gem. § 2136 von allen oder nur einigen der gesetzlichen Beschränkungen. Soll bezüglich einzelner Gegenstände eine Befreiung erfolgen (streitig)?
- Wenn dem Vorerben einzelne Nachlassgegenstände zur freien Verfügung stehen sollen, sind entsprechende Vorausvermächtnisse anzuordnen.
- Soll der Vorerbe durch entsprechende Auflagen zulasten des Nacherben über die gesetzlichen Befreiungsmöglichkeiten hinaus freigestellt werden?

- Soll zur Ausübung der Kontroll-, Sicherungs- und Mitwirkungsrechte des Nacherben und zur Beaufsichtigung des Vorerben eine Nacherbentestamentsvollstreckung gem. § 2222 BGB angeordnet werden?

4. Anordnung für die Auseinandersetzung der Erbengemeinschaft

- Durch entsprechende Formulierung ist jeweils eindeutig festzulegen, ob eine gegenständliche Einzelzuweisung an einen Miterben

  - als Vorausvermächtnis, also ohne Anrechnung auf den Erbteil oder
  - als eine Teilungsanordnung und somit in Anrechnung auf den Erbteil oder
  - als eine überquotale Teilungsanordnung erfolgen soll,
  - oder ob ein Übernahmerecht gewährt wird.

- Gegebenenfalls ist die Ausführung der Teilungsanordnung

  - durch Auflage,
  - bedingte Erbeinsetzung (Nacherben!) oder
  - Strafvermächtnis

  abzusichern, wenn die Vermutung besteht, dass die Erben sich hierüber hinwegsetzen und der Erblasser dies nicht wünscht.

- Bei angeordneter Nacherbfolge ist festzulegen, ob

  - die Teilungsanordnung bereits von den Vorerben oder
  - erst von den Nacherben ausgeführt werden soll.

  Bei Übernahmerechten (etwa bei dem Recht, etwas aus dem Nachlass zu übernehmen) ist festzulegen, ob durch sie auch Übernahmepflichten entstehen sollen und wenn ja, in welcher Rechtsform.

- Anordnung eines Auseinandersetzungsverbotes in Form

  - eines Vorausvermächtnisses oder
  - einer Auflage
  - und ob es durch
  - bedingte Erbeinsetzung (Nacherben!) oder
  - Strafvermächtnis

  verstärkt werden soll.

- Bei einem zeitlichen Teilungsausschluss ist festzulegen, ob er entgegen der Auslegungsregel der §§ 2044 Abs. 1 Satz 2, 750 BGB auch nach dem Tod eines Miterben in Kraft bleiben soll.

5. Enterbung bzw. Pflichtteilszuweisung, ggf. Pflichtteilsentziehung oder Pflichtteilsbeschränkung

- Bei einer Pflichtteilsentziehung sind ausfürhlich die Gründe nach § 2333 BGB auszuführen.
- Für eine Pflichtteilszuweisung oder Pflichtteilsbeschränkung reicht es, wenn man diese Person nicht als Erben im Testament aufführt.

6. Einzelzuweisung durch Vermächtnisanordnung

- Welche Person soll mit dem Vermächtnis beschwert werden?

  - Beschwerung aller Miterben zu gleichen oder unterschiedlichen Teilen?
  - Beschwerung mehrerer oder einzelner Miterben oder eines Vermächtnisnehmers mit einem Unter- oder Nachvermächtnis? (§§ 2147 Satz 2; 2148 BGB)

- Wer soll Bedachter des Vermächtnisses und bei mehreren in welchem Gemeinschaftsverhältnis sein?

  - Bestimmung eines oder mehrerer Ersatzvermächtnisnehmer oder Unwirksamkeit des Vermächtnisses beim Wegfall des Erstbedachten? (§§ 2160, 2190 BGB)

- Anfall und Fälligkeit des Vermächtnisses (keine besonderen Angaben notwendig, wenn beides sofort mit dem Erbfall eintreten soll, §§ 2176 ff. BGB).

  - Wann soll der Zeitpunkt oder das Ereignis sein, zu dem das Vermächtnis anfallen soll?
  - Wann soll das Vermächtnis fällig sein, sofern die Fälligkeit von seinem Anfall abweicht?
  - Soll die Vermächtnisanwartschaft zwischen Erbfall und Vermächtnisanfall vererblich und/oder übertragbar sein?
  - Sollen Bestimmungen über die Nutzungen des Vermächtnisgegenstands und die auf ihn gemachten Verwendungen für die Zeit zwischen dem Erbfall und dem Vermächtnisfall getroffen werden?
  - Soll dem Beschwerten für diese Schwebezeit die besondere Verpflichtung zur ordnungsgemäßen Verwaltung auferlegt werden?
  - Soll die Erfüllung des Vermächtnisses durch den Beschwerten gesichert werden, etwa durch eine Auskunftserteilungspflicht oder die Verpflichtung zur Eintragung einer Vormerkung gem. § 883 BGB?

- Anordnungen, was gilt, wenn der vermachte Gegenstand beim Erbfall nicht mehr im Nachlass ist; ggf. Bestimmungen erforderlich, ob es sich um ein Verschaffungsvermächtnis oder ein Wertvermächtnis handeln soll (§§ 2169, 2170 BGB) oder ob das Vermächtnis dann entfallen soll.

- Kürzung eines Vermächtnisanspruchs

  - Kürzung eines Geldvermächtnisses bei einer Verringerung des Vermögensbestandes bis zum Erbfall? Wertsicherung eines Rentenvermächtnisses ratsam.
  - Übernahme von Verbindlichkeiten
  - Übernahme der eingetragenen Belastungen beim Vermächtnisnehmer eines Grundstücksvermächtnisses (§§ 2165 ff. BGB)
  - Pflichtteilstragungslast gemäß §§ 2318 I, 2324 BGB

- Anordnung hinsichtlich der Vermächtniserfüllung

  - Bestellung eines Bevollmächtigten
  - Ernennung eines Testamentsvollstreckers zur Vermächtniserfüllung?

- Sollen zusätzlich zum Vermächtnis Ansprüche des Bedachten gegen den Beschwerten auf Auskunft, Rechnungslegung oder Sicherung der Erfüllung mit vermacht werden?

- Soll der Vermächtniserfüllungsanspruch gesichert werden?

    – Sicherung der Vermächtniserfüllung bereits vor dem Erbfall durch eine zwischen Erblasser (= Eigentümer des Vermächtnisgegenstands) und Bedachtem mittels Rechtsgeschäfts unter Lebenden zu vereinbarende Verfügungsunterlassungsverpflichtung bezüglich des Vermächtnisgegenstands?

    – Evtl. auch noch durch eine durch die Zuwiderhandlung aufschiebend bedingte Übertragungsverpflichtung, die bei Grundstücken durch Vormerkung sichtbar ist?

- Kostentragungspflicht

    – Wer trägt die Kosten der Vermächtniserfüllung?
    – Wer zahlt die Erbschaftsteuer, die auf den vermachten Gegenstand entfällt?
    – Was soll gelten, wenn der vermachte Gegenstand belastet ist?

7. Einzelzuweisung durch Anordnung einer Auflage

- Klare Bestimmung, dass es sich bei der Anordnung um eine Auflage handelt, evtl. durch den Zusatz, dass der Begünstigte keinen Vollziehungsanspruch haben soll.
- Angabe desjenigen, der mit der Auflage beschwert ist.
- Zumindest Bestimmung des Zwecks der Auflage unter gleichzeitiger Einsetzung eines Bestimmungsberechtigten für den Leistungsgegenstand und den Leistungsempfänger (§§ 2156, 2192, 2193 BGB).
- Bestimmung eines Vollziehungsberechtigten bzw. Ausschluss einzelner der gem. § 2194 BGB gesetzlich Vollzugsberechtigten.
- Sicherung des Vollzugs der Auflage durch Ernennung eines Testamentsvollstreckers oder aufschiebende oder auflösende Bedingung der mit der Auflage beschwerten Zuwendung.

8. Anordnung von Testamentsvollstreckung

- Ausdrückliche Anordnung der Testamentsvollstreckung

- Bestimmung des Testamentsvollstreckers oder der Testamentsvollstrecker entweder

    – durch den Erblasser selbst (§ 2197 BGB) oder
    – durch Ermächtigung eines Dritten (§ 2198 BGB) oder
    – durch Ersuchen des Nachlassgerichts (§ 2200 BGB).

    Aufteilung der Befugnisse unter mehreren Testamentsvollstreckern, da sie sonst das Amt gemeinschaftlich führen (§ 2224 Abs.1 BGB).

- Bestimmung eines Ersatzvollstreckers (§ 2197 Abs.2 BGB), ggf. durch Ermächtigung des zunächst benannten Testamentsvollstreckers, einen oder mehrere Mitvollstrecker und/oder Nachfolger zu ernennen (§ 2199 BGB), und zwar sowohl vor als auch nach Annahme des Amtes.

- Festlegung der Art der Testamentsvollstreckung, ob

  - eine Abwicklungs-
  - oder eine Dauervollstreckung

  angeordnet wird.

- Bei Vor- und Nacherbschaft ist der genaue Aufgabenbereich des Testamentsvollstreckers festzulegen.

- Beschränkung der gesetzlichen Befugnisse des Testamentsvollstreckers unter ausdrücklicher Angabe,

  - ob dies mit dinglicher
  - oder nur mit schuldrechtlicher

  Wirkung erfolgen soll.

- Ausdrückliche Anweisung an den Testamentsvollstrecker bezüglich vom Erblasser gewünschter Anordnungen für die Verwaltung des Nachlasses (§ 2216 Abs. 2 Satz 1 BGB).

- Erweiterung der Befugnisse des Testamentsvollstreckers im gesetzlich zulässigen Rahmen:

  - Erweiterung der Verpflichtungsbefugnis (§§ 2207, 2206, 2220 BGB).
  - Bei der Abwicklungsvollstreckung seine Ermächtigung, die Erbauseinandersetzung nach billigem Ermessen vornehmen zu können (§ 2048 Satz 2, 3 BGB).
  - Befreiung des Testamentsvollstreckers von den Beschränkungen des § 181 BGB.

- Zuweisung von Sonderfunktionen an den Testamentsvollstrecker, z. B. die

  - Erteilung einer postmortalen Vollmacht oder
  - die Einsetzung als Schiedsrichter usw.

- Sind im Nachlass ein einzelkaufmännisches Unternehmen oder eine Beteiligung an einer Personengesellschaft enthalten, ist zusätzlich durch Auflage eine der Ersatzlösungen (Vollmacht- oder Treuhandlösung) anzuordnen.

- Anordnung bezüglich der Vergütung des Testamentsvollstreckers

  - für die Abwicklung und
  - ggf. für eine Dauertestamentsvollstreckung.

- Bestimmung einer genauen Vergütung und Hinweis, ob Umsatzsteuer und Kosten eigener Berufsdienste (z. B. bei Rechtsanwälten oder Steuerberatern) darin enthalten sein sollen.

9. Anordnung einer letztwilligen Schiedsklausel

- Eine solche Klausel verpflichtet die Erben und Vermächtnisnehmer statt der ordentlichen Gerichte mit Öffentlichkeit bei Streitigkeiten ein Schiedsgericht anzurufen, wie z. B. das Schiedsgericht für Erbrechtsstreitigkeiten, Hauptstraße 18, 74918 Angelbachtal/Heidelberg.

10. Einrichtung einer Stiftung von Todes wegen

- Eine Stiftung muss nicht unbedingt zu Lebzeiten des Erblassers gegründet werden mit der Folge, dass zu Lebzeiten in die Stiftung eine Zuwendung fließen muss. Bei einer Errichtung einer Stiftung zu Lebzeiten unbedingt vorher fachkundigen Rat einholen.

11. Familienrechtliche Anordnungen

- Entziehung der Vermögensverwaltung
- Anordnung eines Vormundes

12. Zusätzliche Rechtsgeschäfte unter Lebenden

- Hierunter fallen z. B. Hinweise auf Verträge zugunsten Dritter oder Schenkungen auf den Todesfall.

13. Bestätigung der Urheberschaft der Unterschrift durch Dritte

Nicht notwendig, aber sicherer ist es, seine Unterschrift von einem Notar beglaubigen zu lassen. Möglich ist auch eine Bestätigung durch Zeugen.

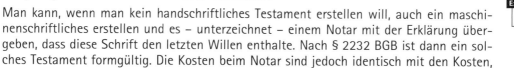

Formgültiges maschinenschriftliches Testament

Man kann, wenn man kein handschriftliches Testament erstellen will, auch ein maschinenschriftliches erstellen und es – unterzeichnet – einem Notar mit der Erklärung übergeben, dass diese Schrift den letzten Willen enthalte. Nach § 2232 BGB ist dann ein solches Testament formgültig. Die Kosten beim Notar sind jedoch identisch mit den Kosten, die für das Erstellen eines Testaments entstanden wären.

Auf der beigefügten CD-ROM finden Sie Formulierungsvorschläge. Eine ausführliche vorangehende Beratung durch einen Rechtsanwalt (Fachanwalt für Erbrecht) oder Notar kann diese CD-ROM freilich nicht ersetzen.

Teil II – Muster

Ein Rat vorab

Überprüfen Sie immer wieder die nachfolgenden Angaben in selbst gesetzten Zeitabständen dahingehend, ob die Daten noch stimmen. Zur besseren Kontrolle können Sie Ihre Prüfvermerke nachfolgend eintragen:

Datenformulare ausgefüllt am: ....

Dateninhalte überprüft am: ....

Was ist für den Unglücks- und Krankheitsfall zu regeln?

Zu benachrichtigende Personen im Unglücks- und/oder Krankheitsfall

Folgende Personen sollen im Fall eines Unglücks- oder Krankheitsfalls sofort benachrichtigt werden:

Name	Stellung	Adresse mit Telefonnummer	schriftlich	telefonisch

Unter Stellung ist die Bedeutung der Person also z. B. Freund/Freundin, entfernter Verwandter oder Verein o. Ä. anzugeben.

Meine Daten über meine persönliche Gesundheit

Mein Hausarzt ist:

Name und Adresse: _____

_____

Telefon/Fax/ggf. E-Mail: _____

Weitere Ärzte sind:

Fachrichtung: _____

Name und Adresse: _____

_____

Telefon/Fax/ggf. E-Mail: _____

Fachrichtung: _____

Name und Adresse: _____

_____

Telefon/Fax/ggf. E-Mail: _____

Fachrichtung: _____

Name und Adresse: _____

_____

Telefon/Fax/ggf. E-Mail: _____

Ich habe bis dato folgende Krankheiten gehabt bzw. ich wurde operiert und nehme folgende Medikamente:

Art der Krankheit	Dauer	Medikation	Operation (ob/wann)

Ich habe folgende Impfungen:

Impfung gegen	Wann?	Name des Arztes
Hepatitis A		
Hepatitis B		
Tollwut		
Tetanus		
Typhus		
Diphterie		
Cholera		
Grippe		
Tuberkulose		
Röteln		
Mumps		
Kinderlähmung		

Ich habe einen Impfpass: ( ) ja   ( ) nein

Dieser ist zu finden: _____

Meine Regelungen für den Unglücks- und Krankheitsfall

Hier ist insbesondere an die Entbindung von der ärztlichen Schweigepflicht zu denken. Selbstverständlich können auch sämtliche gesundheitliche Angelegenheiten in einer Vorsorgevollmacht geregelt sein.

Entbindung von der ärztlichen Schweigepflicht

Hiermit entbinde ich,

Vornamen: _____

Familienname: _____

Geburtsdatum: _____

Geburtsort: _____

Straße: _____

Postleitzahl und Wohnort: _____

alle mich behandelnden Ärzte von ihrer ärztlichen Schweigepflicht.

Sie sollen folgenden Personen über meinen gesundheitlichen Zustand Auskunft geben dürfen und auch Einsicht in die mich betreffenden Krankenunterlagen gewähren:

Vornamen: _____

Familienname: _____

Geburtsdatum: _____

Geburtsort: _____

Straße: _____

Postleitzahl und Wohnort: _____

Vornamen: _____

Familienname: _____

Geburtsdatum: _____

Geburtsort: _____

Straße: _____

Postleitzahl und Wohnort: _____

Ort, Datum   Unterschrift

Angaben zu meiner Person

Die Angaben zur Person und zum Vermögen stellen eine wertvolle Hilfe bei der Bewältigung von Problemen dar. So werden z. B. bei der Abwicklung von Formalitäten häufig auch Daten der Verwandten benötigt.

I. Meine Familie

Meine persönlichen Daten:

Akademische Grade:

Vornamen: Familienname:

Geburtsdatum: Geburtsort:

Staatsangehörigkeit(en):

Familienstand: ( ) ledig   ( ) verheiratet   ( ) eingetragene Lebenspartnerschaft
                        ( ) geschieden

Falls verheiratet, Güterstand:
( ) Zugewinngemeinschaft (ggf. modifiziert) ( ) Gütertrennung   ( ) Gütergemeinschaft

Wo ist der Ehevertrag zu finden:

Falls geschieden, Scheidungsurteil vom:

Konfession:

Straße:

Postleitzahl und Wohnort:

Telefonnummer:

Mobilfunknummer:

Faxnummer:

E-Mail-Adresse:

Homepage:

Wichtiger Hinweis:

( ) Ich habe ein Testament hinterlassen   hinterlegt: ....

( ) Ich habe eine Vorsorgevollmacht verfügt   hinterlegt: ....

( ) Ich habe eine Patientenverfügung gefertigt hinterlegt: ....

( ) Ich habe eine Betreuungsverfügung gefertigt hinterlegt: ....

II. Mein Ehepartner/Lebenspartner/Lebensgefährte und meine Verwandten

---

Die persönlichen Daten meines Ehepartners/Lebenspartners/Lebensgefährten:

Akademische Grade:

Vornamen: Familienname:

Geburtsdatum: Geburtsort:

Konfession:

Straße:

Postleitzahl und Wohnort:

Telefonnummer:

Mobilfunknummer:

Faxnummer:

E-Mail-Adresse:

Die persönlichen Daten meiner Abkömmlinge

Abkömmling 1:

( ) eheliches Kind

( ) bei Kindern nicht verheirateter Eltern:

Vaterschaft anerkannt durch Urkunde vom .... (aufzufinden: ....)

Vaterschaft gerichtlich festgestellt durch Urteil vom .... (aufzufinden: ....)

( ) Adoptiertes Kind durch Adoption vom .... (aufzufinden ....)

Sofern das Kind noch minderjährig ist:

( ) Beide Eltern haben das gemeinsame Sorgerecht.

Der Name und die Adresse des mitsorgeberechtigten Elternteils lautet:

....

( ) Das Sorgerecht habe ausschließlich ich:

( ) Das Sorgerecht hat ausschließlich ....

Der Name und die Adresse dieser sorgeberechtigten Person lautet:

....

Akademische Grade:

Vornamen: Familienname:

Geburtsdatum: Geburtsort:

Konfession:

Straße:

Postleitzahl und Wohnort:

Telefonnummer:

Mobilfunknummer:

Faxnummer:

E-Mail-Adresse:

Homepage:

Mein Abkömmling hat folgenden Familienstand :

( ) ledig   ( ) verheiratet   ( ) eingetragene Lebenspartnerschaft   ( ) geschieden

Name und Anschrift seines Partners:

Geburtsdatum:

Er hat selbst folgende Abkömmlinge:

Kind 1:

Vornamen: Familienname:

Geburtsdatum: Geburtsort:

Konfession:

Straße:

Postleitzahl und Wohnort:

Telefonnummer:

Kind 2:

Vornamen: Familienname:

Geburtsdatum: Geburtsort:

Konfession:

Straße:

Postleitzahl und Wohnort:

Telefonnummer:

Meine Eltern:

Mein Vater:

Vornamen: Familienname:

Geburtsdatum: Geburtsort:

Konfession:

Straße:

Postleitzahl und Wohnort:

Meine Mutter:

Vornamen: Familienname:

Geburtsdatum: Geburtsort:

Konfession:

Straße:

Postleitzahl und Wohnort:

Meine Geschwister:

(Sofern diese vorverstorben sind, stattdessen deren Abkömmlinge benennen)

Bruder/Schwester I:

Vornamen: Familienname:

Geburtsdatum: Geburtsort:

Konfession:

Straße:

Postleitzahl und Wohnort:

Bruder/Schwester II:

Vornamen: Familienname:

Geburtsdatum: Geburtsort:

Konfession:

Straße:

Postleitzahl und Wohnort:

Zu benachrichtigende Personen im Fall des Todes

Folgende Personen sollen im Falle meines Ablebens sofort benachrichtigt werden:

Name	Stellung	Adresse mit Telefonnummer	schriftlich	telefonisch

Unter Stellung ist die Bedeutung der Person also z. B. Freund/Freundin, entfernter Verwandter oder Verein o. Ä. anzugeben.

Weitere wichtige Adressen von Vertrauenspersonen

Ärzte (auch Zahnärzte etc.):

Name: _____

Adresse: _____

_____

Telefon/Fax/ggf. E-Mail: _____

Name: _____

Adresse: _____

_____

Telefon/Fax/ggf. E-Mail: _____

Rechtsanwalt:

Name: _____

Adresse: _____

_____

Telefon/Fax/ggf. E-Mail: _____

Steuerberater:

Name: _____

Adresse: _____

_____

Telefon/Fax/ggf. E-Mail: _____

Kirchliche Würdenträger:

Name: _____

Adresse: _____

_____

Telefon/Fax/ggf. E-Mail: _____

Weitere Berater (Bank-/Finanzberater u. Ä.):

Name: _____

Adresse: _____

_____

Telefon/Fax/ggf. E-Mail: _____

Versicherungsberater/-makler:

Name: _____

Adresse: _____

_____

Telefon/Fax/ggf. E-Mail: _____

Angaben über mein Vermögen

Meine Konten

Girokonten

Girokonto

Name und Anschrift der Bank:

_____

_____

Dortiger Ansprechpartner (ggf. mit Telefonnummer):

_____

Weiterer Mitkontoinhaber (Name und Anschrift):

_____

_____

Kontonummer: _____

Bankleitzahl: _____

Die Kontounterlagen befinden sich:

_____

Liegen Vollmachten vor?

( ) keine Vollmacht   ( ) Originalbankvollmacht   ( ) Generalvollmacht

( ) Vollmacht ausschließlich für den Todesfall

Bevollmächtigter (Name und Adresse):

_____

_____

Liegt ein Vertrag zugunsten Dritter auf den Todesfall vor?   ( ) Ja   ( ) Nein

Wenn ja, wer ist Bezugsberechtigter? (Name und Adresse)

_____

_____

Sparkonten

Sparbuch

Name und Anschrift der Bank:

_____

_____

Dortiger Ansprechpartner (ggf. mit Telefonnummer):

_____

Weiterer Mitkontoinhaber (Name und Anschrift):

_____

_____

Kontonummer: _____

Bankleitzahl: _____

Das Sparbuch befindet sich:

_____

Liegen Vollmachten vor?

( ) keine Vollmacht ( ) Originalbankvollmacht ( ) Generalvollmacht

( ) Vollmacht ausschließlich für den Todesfall

Bevollmächtigter (Name und Adresse):

_____

_____

Ist ein Kennwort für die Verfügung notwendig?: ( ) Ja ( ) Nein

Falls ja: Wer kennt es? _____

GGf. wie lautet es (jedoch Vorsicht!) _____

Liegt ein Vertrag zugunsten Dritter auf den Todesfall vor? ( ) Ja ( ) Nein

Wenn ja, wer ist Bezugsberechtigter? (Name und Adresse)

_____

_____

Bankschließfach

Bankschließfach

Name und Anschrift der Bank:

_____

_____

Dortiger Ansprechpartner (ggf. mit Telefonnummer):

_____

Weiterer Schließfachinhaber (Name und Anschrift):

_____

_____

Die Schließfachnummer lautet: _____

Der Schließfachschlüssel befindet sich:

_____

Liegen Vollmachten vor?

( ) keine Vollmacht   ( ) Originalbankvollmacht   ( ) Generalvollmacht

( ) Vollmacht ausschließlich für den Todesfall

Bevollmächtigter (Name und Adresse):

_____

_____

Ist ein Kennwort für die Verfügung notwendig?:   ( ) Ja   ( ) Nein

Falls ja: Wer kennt es? _____

GGf. wie lautet es (jedoch Vorsicht!) _____

Daueraufträge

(HINWEIS: immer an eine Aktualisierung denken!)

Konto

Name der Bank:

_____

Kontonummer: _____

Bankleitzahl: _____

Folgende Daueraufträge bestehen derzeit für mein o. g. Konto:

Zweck	Höhe in	Fälligkeit (monatlich/vierteljährlich/jährlich)
_____	_____	_____
_____	_____	_____
_____	_____	_____
_____	_____	_____
_____	_____	_____
_____	_____	_____

Lastschriften/Einzugsermächtigungen

(HINWEIS: immer an eine Aktualisierung denken!)

Konto

Name der Bank:

_____

Kontonummer: _____

Bankleitzahl: _____

Folgende Lastschriften/Einzugsermächtigungen bestehen derzeit für mein o. g. Konto:

Zweck	**Höhe in**	**Fälligkeit** **(monatlich/vierteljährlich/jährlich)**
_____	_____	_____
_____	_____	_____
_____	_____	_____
_____	_____	_____
_____	_____	_____
_____	_____	_____

Darlehensverträge

Ich zahle derzeit folgende Darlehen ab:

Darlehen

Name und Anschrift der Bank/des Darlehensgebers:

_____

_____

Dortiger Ansprechpartner (ggf. mit Telefonnummer):

_____

Darlehens-/Vertragsnummer: _____

Bankleitzahl: _____

Zweck des Darlehens: _____

Höhe der Rate in €: _____

Fälligkeit: ( ) monatlich   ( ) vierteljährlich   ( ) jährlich

Ist Vermögen zur Absicherung des Darlehens belastet (z. B. Grundstück): ( ) ja ( ) nein
Falls ja, wie ist die Absicherung erfolgt (z. B. Eintragung einer Grundschuld, Abtretung einer Lebensversicherung):

_____

Kurzübersicht: Der Inhaber eines Kontos verstirbt: Was nun?

Welche Unterlagen werden seitens der Bank benötigt, um das Konto auf ein so genanntes Nachlasskonto umzustellen?

- Sterbeurkunde bzw. Erbnachweise (z. B. Erbschein, eröffnetes Testament)

Was passiert mit erteilten Vollmachten?

- Die typischen Bankvollmachten sind grundsätzlich so ausgerichtet, dass sie über den Tod hinaus gelten. Sie bleiben somit gültig.
- Eine eventuelle, speziell für den Todesfall erteilte Vollmacht tritt nun erst in Kraft.

Was passiert bei so genannten „Oder-Konten"?

- Der beziehungsweise die Kontoinhaber können weiterhin Verfügungen über das Konto vornehmen.

Beispielsfall:

Herr Otto Normalerblasser ist am 04.07.2005 verstorben. Seine Ehefrau ist nach eigener Auskunft die Alleinerbin, es liegt aber noch keine „Erblegitimation" vor. Welche Auswirkungen haben unterschiedliche Kontoarten auf die Verfügungsmöglichkeiten von Frau Müller bei unterschiedlichen Anlässen?

Herr Otto Normalerblasser hatte ein	Einzelkonto ohne Vollmacht für seine Ehefrau	Einzelkonto mit Vollmacht für seine Ehefrau	gemeinsames Oder-Konto mit seiner Ehefrau
Begleichung der Kosten für Ärzte, Krankenhaus sowie der Beerdigung	Verfügungen, die im unmittelbaren Zusammenhang mit dem Tod des Kontoinhabers stehen, sind auch ohne Erblegitimation möglich.	Aufgrund der über den Tod hinaus geltenden Vollmacht sind weiterhin Verfügungen möglich.	Als Mitkontoinhaberin kann Sie weiterhin sämtliche Verfügungen treffen.
Überweisen der Miete	nicht möglich	möglich	möglich
Begleichen von Handwerkerrechnungen	nicht möglich	möglich	möglich
Auszahlung des Haushaltsgeldes in Höhe von 500 Euro an Frau Meier	nicht möglich	möglich	möglich
Verkauf von Aktien, die das damals von Herrn Otto Normalerblasser gesteckte Kursziel erreicht haben	nicht möglich	möglich	möglich

Das Konto wurde umgestellt. Was folgt nun?

Die Erbfolge muss geklärt werden:

- Dies geschieht in der Regel über den Erbschein, ein eröffnetes Testament mit Eröffnungsprotokoll, einen notariell eröffneten bzw. beglaubigten Erbvertrag.

Ist die Erbfolge geklärt, müssen die Nachlasswerte entsprechend den Verfügungen des Kontoinhabers verteilt werden:

- zum Beispiel an den allein erbenden Ehepartner, die Kinder, Geschwister etc.

Welche sonstigen Pflichten ergeben sich für die Bank?

- Es muss eine so genannte „Finanzamtsmeldung" an das zuständige Erbschaftsteuerfinanzamt abgegeben werden. Diese umfasst:
  - die Salden *zum Vorabend des Todestages* sämtlicher Konten und Depots
  - die gemeldeten Werte fließen somit in die Berechnung der Erbschaftssteuer mit ein
  - Angaben über das Vorhandensein eines Safes/Schließfaches
  - Verträge zugunsten Dritter
- „Überbezahlte" Rente muss an die Versicherungsträger zurücküberwiesen werden.

- Sollten einer oder mehrere Erben im Ausland leben, muss von der Bank eine so genannte Unbedenklichkeits-Bescheinigung vom zuständigen Erbschaftsteuerfinanzamt angefordert werden. Diese besagt, dass keine Steuerschulden im Raum stehen, die eventuell durch die zur Auszahlung kommenden Summe beglichen werden müssten.

Meine Geldanlagen

Regelmäßig überprüfen
Überprüfen Sie immer wieder die nachfolgenden Angaben in selbst gesetzten Zeitabständen dahingehend, ob die Daten noch stimmen. Zur besseren Kontrolle können Sie Ihre Prüfvermerke nachfolgend eintragen: Datenformulare ausgefüllt am: .... Dateninhalte überprüft am: ....

Depots/Aktien

Depot

Ich verfüge über folgende(n)

( ) Aktien- und Wertpapierdepots   ( ) Immobilienfonds

( ) allgemeine Fonds   ( ) Sparbrief/Sparvertrag

( ) Spareinlage   ( ) Teilhaber-/Gläubigerpapier

( ) Bundesschatzbrief

andere Art des Depots _____

Name und Anschrift der Bank:

_____

_____

Dortiger Ansprechpartner (ggf. mit Telefonnummer):

_____

Weiterer Depotinhaber (Name und Anschrift):

_____

_____

Depotnummer: _____

Die Depotunterlagen befinden sich: _____

Liegen Vollmachten vor?

( ) keine Vollmacht ( ) Originalbankvollmacht ( ) Generalvollmacht
( ) Vollmacht ausschließlich für den Todesfall

Bevollmächtigter (Name und Adresse):

_____

_____

Ist die Forderung abgetreten?   ( ) Ja   ( ) Nein

Wenn ja, an wen? (Name und Adresse)

_____

_____

Liegt ein Vertrag zugunsten Dritter auf den Todesfall vor?   ( ) Ja   ( ) Nein

Wenn ja, wer ist Bezugsberechtigter? (Name und Adresse)

_____

_____

Festgelder

Festgeld

Name und Anschrift der Bank:

_____

_____

Dortiger Ansprechpartner (ggf. mit Telefonnummer):

_____

Weiterer Anspruchsinhaber (Name und Anschrift):

_____

_____

Nummer: _____

Wann ist das Festgeld zur Auszahlung fällig? _____

Die Unterlagen befinden sich: _____

Liegen Vollmachten vor?

( ) keine Vollmacht   ( ) Originalbankvollmacht   ( ) Generalvollmacht
( ) Vollmacht ausschließlich für den Todesfall

Bevollmächtigter (Name und Adresse):

_____

_____

Liegt ein Vertrag zugunsten Dritter auf den Todesfall vor?   ( ) Ja ( ) Nein

Wenn ja, wer ist Bezugsberechtigter? (Name und Adresse)

_____

_____

Bausparverträge

Bausparvertrag

Name und Anschrift der Bank:

_____

_____

Dortiger Ansprechpartner (ggf. mit Telefonnummer):

_____

Weiterer Anspruchsinhaber (Name und Anschrift):

_____

_____

Nummer: _____

Wann ist der Bausparvertrag zur Auszahlung fällig bzw. zuteilungsreif?

_____

Die Unterlagen befinden sich: _____

Liegen Vollmachten vor?

( ) keine Vollmacht   ( ) Originalbankvollmacht   ( ) Generalvollmacht
( ) Vollmacht ausschließlich für den Todesfall

Bevollmächtigter (Name und Adresse):

_____

_____

Weitere Anlageformen (z. B. Tagesgeld, Sparplan, Schiffsbeteiligung)

Anlageform

Art der Anlageform: _____

Name und Anschrift der Bank/des Unternehmens:

_____

_____

Dortiger Ansprechpartner (ggf. mit Telefonnummer):

_____

Weiterer Anspruchsinhaber (Name und Anschrift):

_____

_____

Nummer: _____

Wann ist die Anlageform zur Auszahlung fällig bzw. zuteilungsreif?

_____

Die Unterlagen befinden sich: _____

Liegen Vollmachten vor?

( ) keine Vollmacht   ( ) Originalbankvollmacht   ( ) Generalvollmacht
( ) Vollmacht ausschließlich für den Todesfall

Bevollmächtigter (Name und Adresse):

_____

_____

Mein Eigentum

Immobilien/Grundstücke

Folgende Immobilien sind in meinem (Mit-)Eigentum:

Immobilie

Straße: _____

Postleitzahl und Ort: _____

_____

Flurnummer/Flurstück: _____

Grundbuchnummer: _____

eingetragen beim Grundbuchamt: _____

Ich bin: ( ) Alleineigentümer   ( ) Miteigentümer

Die Höhe meines Eigentumsanteils ist: _____

Die weiteren Miteigentümer (Name und Adresse):

_____

_____

Es handelt sich um eine Wohnungseigentumsgemeinschaft:

Diese WEG wird verwaltet durch: _____

Im Grundbuch sind folgende Belastungen und Rechte eingetragen:

Bezeichnung: _____ Höhe: _____

Name und Anschrift des Begünstigten:

_____

_____

Hypothek _____

Grundschuld _____

Erbbaurecht _____

Reallast _____

Wohnrecht _____

Nießbrauch _____

Wegerecht _____

Weitere Belastungen _____

Fahrzeuge

Ich verfüge über folgende Fahrzeuge:

Fahrzeug

( ) Auto   ( ) Motorrad   ( ) LKW   ( ) Wohnmobil   ( ) (Segel-)Flugzeug
( ) Motorboot   ( ) Segelboot   ( ) Wohnwagen

anderes Fahrzeug : _____

Garage/Stell-/Liegeplatz: _____

Kennzeichen: _____

Identifikationsnummer: _____

Marke/Modell/Baujahr: _____

Wo liegen die Fahrzeugpapiere?

_____

Wo ist das Fahrzeug versichert? (Name und Anschrift des Unternehmens sowie Ansprechpartner)

_____

Wo sind die Schlüssel und/oder Zweitschlüssel für das Fahrzeug zu finden?

_____

Wichtige Wertgegenstände

Hier müssen Sie nicht alle Gegenstände auflisten, die Sie besitzen, sondern lediglich für Sie wichtige bzw. wertvolle Gegenstände. Hierunter können z. B. fallen: Münz- oder Briefmarkensammlung, Möbel, Bilder (Gemälde), Bestecke oder wertvolles Geschirr.

Gegenstand	befindet sich wo?	ungefährer Wert (ggf. belegt durch Zertifikat)

Forderungen gegen Dritte oder Ansprüche

Hier können Sie Forderungen eintragen, die Sie gegen Dritte haben. Hierunter können z. B. fallen: Darlehen an Dritte, verliehene Gegenstände, Schadensersatz-/Schmerzensgeldansprüche, Urheberrechte, Patente

Gegenstand der Forderung	Gegen wen? (Name und Anschrift)	Höhe der Forderung	Wann fällig?

Gesellschafts–/Unternehmensbeteiligungen/Beteiligung an Erbengemeinschaft

Gesellschafts-/ Unternehmens- form	Art der Beteiligung	Höhe der Beteiligung	Wo befindet sich der Gesell- schaftsvertrag?

Meine Verbindlichkeiten

Verbindlichkeiten rund um den Haushalt

Stromversorgung

Versorgungsunternehmen (Name und Anschrift)

_____

_____

Kundennummer: _____

Abschlagszahlung in Höhe von: _____

( ) monatlich   ( ) vierteljährlich   ( ) halbjährlich   ( ) jährlich

Zahlung per   ( ) Dauerauftrag   ( ) Lastschrift ( ) Überweisung ( ) Bareinzahlung

Vertragsunterlagen sind zu finden: _____

Gas-/Ölversorgung

Versorgungsunternehmen (Name und Anschrift)

_____

_____

Kundennummer: _____

Abschlagszahlung in Höhe von: _____

( ) monatlich   ( ) vierteljährlich   ( ) halbjährlich   ( ) jährlich

Zahlung per   ( ) Dauerauftrag   ( ) Lastschrift   ( ) Überweisung   ( ) Bareinzahlung

Vertragsunterlagen sind zu finden: _____

Telefon

Telefonanbieter (Name und Anschrift)

_____

_____

Kunden-/Vertragsnummer: _____

Zahlung (bei Flatrate) in Höhe von: _____

( ) monatlich   ( ) vierteljährlich   ( ) halbjährlich   ( ) jährlich

Zahlung per   ( ) Dauerauftrag   ( ) Lastschrift   ( ) Überweisung ( ) Bareinzahlung
( ) befreit

Vertragsunterlagen sind zu finden: _____

Internet

Internetanbieter (Name und Anschrift)

_____

_____

Kunden-/Vertragsnummer: _____

Zahlung (bei Flatrate) in Höhe von: _____

( ) monatlich   ( ) vierteljährlich   ( ) halbjährlich   ( ) jährlich

Zahlung per   ( ) Dauerauftrag   ( ) Lastschrift   ( ) Überweisung
( ) Bareinzahlung   ( ) befreit

Vertragsunterlagen sind zu finden: _____

Kabel/Premiere

Anbieter (Name und Anschrift)

_____

_____

Kunden-/Vertragsnummer: _____

Zahlung in Höhe von: _____

( ) monatlich   ( ) vierteljährlich   ( ) halbjährlich   ( ) jährlich

Zahlung per   ( ) Dauerauftrag   ( ) Lastschrift   ( ) Überweisung
( ) Bareinzahlung   ( ) befreit

Vertragsunterlagen sind zu finden: _____

GEZ

Kunden-/Vertragsnummer: _____

Zahlung in Höhe von: _____

( ) monatlich   ( ) vierteljährlich   ( ) halbjährlich   ( ) jährlich

Zahlung per   ( ) Dauerauftrag   ( ) Lastschrift   ( ) Überweisung
              ( ) Bareinzahlung   ( ) befreit

Vertragsunterlagen sind zu finden: _____

Weitere Verbindlichkeiten

Verbindlichkeit:

_____

Vertragspartner (Name und Anschrift)

_____

_____

Kunden-/Vertragsnummer: _____

Zahlung in Höhe von: _____

( ) monatlich   ( ) vierteljährlich   ( ) halbjährlich   ( ) jährlich

Zahlung per   ( ) Dauerauftrag ( ) Lastschrift ( ) Überweisung   ( ) Bareinzahlung

Vertragsunterlagen sind zu finden: _____

Verbindlichkeiten rund um die Familie

Unterhalt

Hierunter fallen Zahlungen für Unterhaltsberechtigte.

Ich zahle Unterhalt an:

( ) geschiedenen Ehegatten

( ) Kind I

( ) Kind II

( ) Kind III

( ) Vater

( ) Mutter

( ) weitere Personen:

_____

_____

Name und Anschrift des Unterhaltsberechtigten:

_____

_____

Zahlung in Höhe von: _____

Grund der Zahlung: _____

( ) monatlich   ( ) vierteljährlich   ( ) halbjährlich   ( ) jährlich

Zahlung per   ( ) Dauerauftrag   ( ) Lastschrift   ( ) Überweisung   ( ) Bareinzahlung

Unterlagen (z. B. Urteil/Überleitungsanzeige) sind zu finden:

_____

_____

Verbindlichkeiten rund um die Finanzen

Miete

Mietwohnung

Lage/Ort:

_____

Vermieter (Name und Anschrift)

_____

_____

Telefon:_____

( ) monatlich   ( ) vierteljährlich   ( ) halbjährlich   ( ) jährlich

Zahlung per   ( ) Dauerauftrag   ( ) Lastschrift   ( ) Überweisung   ( ) Bareinzahlung

Vertragsunterlagen sind zu finden:

_____

Garage/Stellplatz o. Ä.

Lage/Ort:

_____

Vermieter (Name und Anschrift)

_____

_____

Telefon:_____

( ) monatlich   ( ) vierteljährlich   ( ) halbjährlich   ( ) jährlich

Zahlung per   ( ) Dauerauftrag   ( ) Lastschrift   ( ) Überweisung   ( ) Bareinzahlung

Vertragsunterlagen sind zu finden:

_____

Weitere Mietverhältnisse

Mietverhältnis

Lage/Ort:

_____

Vermieter (Name und Anschrift)

_____

_____

Telefon: _____

( ) monatlich   ( ) vierteljährlich   ( ) halbjährlich   ( ) jährlich

Zahlung per   ( ) Dauerauftrag   ( ) Lastschrift   ( ) Überweisung   ( ) Bareinzahlung

Vertragsunterlagen sind zu finden:

_____

Steuern

Steuerart:

( ) Einkommensteuer ( ) Gewerbesteuer ( ) Erbschaftsteuer ( ) Schenkungsteuer

( ) Umsatzsteuer ( ) KFZ-Steuer ( ) Lohnsteuer

andere Steuer: _____

Abführung: ( ) monatlich   ( ) vierteljährlich   ( ) halbjährlich   ( ) jährlich

zuständiges Finanzamt:

_____

Steuernummer: _____

bisherige Steuerbescheide sind zu finden:

_____

Abzahlungen von Verbindlichkeiten (z. B. Ratenkredite o. Ä.)

Verbindlichkeit

( ) Leasingvertrag   ( ) Ratenkredit   ( ) Privatdarlehen   ( ) Bankdarlehen

( ) andere Verbindlichkeit: _____

Vertragspartner (Name und Anschrift):

_____

_____

Zahlung in Höhe von: _____

Zahlung: ( ) monatlich   ( ) vierteljährlich   ( ) halbjährlich   ( ) jährlich

Zahlung per   ( ) Dauerauftrag ( ) Lastschrift ( ) Überweisung ( ) Bareinzahlung

Kündigungsfrist: _____

Vertragsunterlagen sind zu finden:

_____

Bestehende Abonnements

Abonnement

( ) Zeitung   ( ) Zeitschriften   ( ) Verkehrsbetriebe   ( ) Theater o. Ä.

( ) anderes Abonnement: _____

Vertragspartner (Name und Anschrift):

_____

_____

Abonnement-Nummer: _____

Zahlung in Höhe von: _____

Zahlung: ( ) monatlich   ( ) vierteljährlich   ( ) halbjährlich   ( ) jährlich

Zahlung per   ( ) Dauerauftrag ( ) Lastschrift ( ) Überweisung ( ) Bareinzahlung

Kündigungsfrist: _____

Vertragsunterlagen sind zu finden:

_____

Bestehende Mitgliedschaften

Mitgliedschaft in:

( ) Partei ( ) Gewerkschaft ( ) Verein ( ) Automobilclub (ADAC o. Ä.)

( ) andere Mitgliedschaft: _____

Name und Anschrift des Vereins o. Ä.:

_____

_____

Mitgliedsnummer: _____

Zahlung in Höhe von: _____

Zahlung: ( ) monatlich ( ) vierteljährlich ( ) halbjährlich ( ) jährlich

Zahlung per ( ) Dauerauftrag ( ) Lastschrift ( ) Überweisung ( ) Bareinzahlung

Kündigungsfrist: _____

Unterlagen sind zu finden:

_____

Weitere Verpflichtungen (z. B. Kosten für Kindergarten)

Verpflichtungsgegenstand

_____

Vertragspartner (Name und Anschrift):

_____

_____

Zahlung in Höhe von: _____

Zahlung: ( ) monatlich ( ) vierteljährlich ( ) halbjährlich ( ) jährlich

Zahlung per ( ) Dauerauftrag ( ) Lastschrift ( ) Überweisung ( ) Bareinzahlung

Kündigungsfrist: _____

Vertragsunterlagen sind zu finden:

_____

Meine Versicherungen

Lebensversicherungen/Versicherungen zur Altersvorsorge

Lebensversicherung

Ich verfüge über folgende

( ) Kapitallebensversicherung   ( ) Risikolebensversicherung

( ) Lebensversicherung auf Gegenseitigkeit

( ) andere Art von Lebensversicherung _____

Bin ich Versicherungsnehmer?:   ( ) Ja   ( ) Nein

Falls nein: _____

Bin ich versicherte Person? ( ) Ja ( ) Nein falls nein: _____

Bin ich Prämienzahler? ( ) Ja ( ) Nein   falls nein: _____

Wer ist Bezugsberechtigter? _____

Name und Anschrift des Versicherungsunternehmens:

_____

_____

Dortiger Ansprechpartner (ggf. mit Telefonnummer):

_____

Versicherungsnummer: _____

Versicherungssumme: _____

Fälligkeit: _____

Höhe der monatlichen Zahlungsraten: _____

Die Versicherungsunterlagen befinden sich:

_____

Ist die Forderung aus der Lebensversicherung (z. B. zur Kreditsicherung) abgetreten?

( ) Ja   ( ) Nein   Wenn ja, an wen? (Name und Adresse)

_____

_____

Private Rentenversicherung/Riesterrente

Altersvorsorge

Ich verfüge über folgende/n

( ) Private Rentenversicherung ( ) Riesterrentenvertrag ( ) Sterbegeldversicherung

( ) andere Art von Altersversorgung _____

Bin ich Versicherungsnehmer?:   ( ) Ja   ( ) Nein

Falls nein: _____

Bin ich versicherte Person? ( ) Ja ( ) Nein falls nein: _____

Bin ich Prämienzahler? ( ) Ja ( ) Nein   falls nein: _____

Wer ist Bezugsberechtigter? _____

Name und Anschrift des Versicherungsunternehmens:

_____

_____

Dortiger Ansprechpartner (ggf. mit Telefonnummer):

_____

Versicherungsnummer:_____

Versicherungssumme:_____

Fälligkeit:_____

Höhe der monatlichen Zahlungsraten: _____

Die Versicherungsunterlagen befinden sich:

_____

Ist die Forderung aus der Versicherung (z. B. zur Kreditsicherung) abgetreten?

( ) Ja   ( ) Nein   Wenn ja, an wen? (Name und Adresse)

_____

_____

Weitere Versicherungen

Versicherung

Ich verfüge über folgende

( ) Rechtsschutzversicherung   ( ) Hausratversicherung

( ) Private Haftpflichtversicherung   ( ) Haftpflichtversicherung für Haustiere

( ) andere Art von Versicherung: _____

Bin ich Versicherungsnehmer?   ( ) Ja   ( ) Nein

Falls nein: _____

Bin ich versicherte Person? ( ) Ja ( ) Nein   falls nein: _____

Bin ich Prämienzahler? ( ) Ja ( ) Nein   falls nein: _____

Wer ist Bezugsberechtigter? _____

Name und Anschrift des Versicherungsunternehmens:

_____

_____

Dortiger Ansprechpartner (ggf. mit Telefonnummer):

_____

Versicherungsnummer: _____

Versicherungssumme: _____

Höhe der monatlichen Zahlungsraten: _____

Die Versicherungsunterlagen befinden sich:

_____

Rund um das Fahrzeug

Versicherung

Ich verfüge über folgende

( ) Kfz-Haftpflichtversicherung

( ) Vollkasko   ( ) Teilkasko   ( ) Selbstbeteiligung: _____

( ) Haftpflichtversicherung für Boot   ( ) Diebstahlversicherung für Fahrräder

( ) Haftpflichtversicherung für anderes Fahrzeug: _____

( ) Insassenunfallversicherung   ( ) Rechtsschutzversicherung Verkehrsrecht

( ) andere Art von Versicherung: _____

Name und Anschrift des Versicherungsunternehmens:

_____

_____

Dortiger Ansprechpartner (ggf. mit Telefonnummer):

_____

Versicherungsnummer:_____

Versicherungssumme:_____

Höhe der monatlichen Zahlungsraten: _____

Die Versicherungsunterlagen befinden sich:

_____

Rund um das Haus/die Wohnung (Immobilie)

Versicherung

Ich verfüge über folgende

( ) Hausratversicherung   ( ) Wohngebäudeversicherung

( ) Sturm-/Glasschadenversicherung   ( ) Mietausfallversicherung

( ) Haus- und Grundbesitzerhaftpflichtversicherung

( ) Gewässerschadenhaftpflichtversicherung

( ) andere Art von Versicherung: _____

Name und Anschrift des Versicherungsunternehmens:

_____

_____

Dortiger Ansprechpartner (ggf. mit Telefonnummer):

_____

Versicherungsnummer: _____

Versicherungssumme: _____

Höhe der monatlichen Zahlungsraten: _____

Die Versicherungsunterlagen befinden sich:

_____

Rund um den Beruf

Versicherung

Ich verfüge über folgende

( ) Berufsunfähigkeitsversicherung   ( ) Vermögensschaden-Haftpflichtversicherung

( ) Berufsgenossenschaft   ( ) Berufshaftpflichtversicherung

( ) Betriebsausfallversicherung

( ) andere Art von Versicherung: _____

Name und Anschrift des Versicherungsunternehmens:

_____

_____

Dortiger Ansprechpartner (ggf. mit Telefonnummer):

_____

Versicherungsnummer:_____

Versicherungssumme:_____

Fälligkeit: _____

Höhe der monatlichen Zahlungsraten: _____

Die Versicherungsunterlagen befinden sich:

_____

Meine Gesundheitsvorsorge

Krankenkasse

Ich bin wie folgt versichert:

( ) privat   ( ) gesetzlich   ( ) gesetzlich mit privater Zusatzversicherung

Name und Anschrift der Krankenkasse:

_____

_____

Dortiger Ansprechpartner (ggf. mit Telefonnummer):

_____

Versicherungsnummer: _____

Höhe der monatlichen Zahlungsraten: _____

Die Versicherungsunterlagen befinden sich:

_____

Liegt eine Befreiung vor?

von der Zuzahlung zu Medikamenten   ( ) Ja   ( ) Nein

von der Praxisgebühr   ( ) Ja   ( ) Nein

Falls ja, Bestätigung ist zu finden: _____

Weitere Gesundheitsvorsorge

Vorsorge

Ich verfüge über folgende

( ) Pflegeversicherung   ( ) weitere private Zusatzversicherung

( ) private Unfallversicherung

Andere Art von Vorsorgemaßnahme: _____

Name und Anschrift des Versicherungsunternehmens:

_____

_____

Dortiger Ansprechpartner (ggf. mit Telefonnummer):

_____

Versicherungsnummer: _____

Höhe der monatlichen Zahlungsraten: _____

Die Versicherungsunterlagen befinden sich:

_____

Mein Einkommen

Einkommen als Selbstständiger

Name des Unternehmens: _____

Gesellschaftsform: _____

Stellung im Unternehmen: _____

Eintragung im Handelsregister: _____

Straße: _____

_____

Postleitzahl und Ort: _____

Telefonnummer: _____

Faxnummer: _____

Homepage: _____

Zuständige Organisationen	Name und Anschrift/Telefonnummer	Unterlagen zu finden
Berufsverband		
Berufsgenossenschaft		
Renten- Versicherungsträger		
Finanzamt		
Steuernummer		
Umsatzsteuer- Identifikationsnummer		

Einkommen als Angestellter/Arbeiter

Name und Anschrift des Arbeitgebers:

_____

_____

Telefonnummer: _____ Faxnummer: _____

Personalnummer: _____

Höhe des monatlichen Einkommens : _____

_____

Einzahlung auf das Konto _____ bei der _____

BLZ: _____

Krankenversichertennummer: _____

Sozialversicherungsnummer: _____

Rentenversicherungsträger: ( ) BfA   ( ) LVA   ( ) anderer: _____

Berufsgenossenschaft: _____

_____

Finanzamt: _____

_____

Steuernummer: _____

Besteht ein Anspruch auf

( ) Betriebsrente   ( ) Ja   ( ) Nein   vorauss. Höhe: _____

( ) betriebliches Sterbegeld   ( ) Ja   ( ) Nein   vorauss. Höhe: _____

( ) betriebliches Krankengeld   ( ) Ja   ( ) Nein   vorauss. Höhe: _____

( ) weitere betriebl. Unterstützung: ( ) Ja ( ) Nein vorauss. Höhe: _____

Weitere Arbeitsstelle/Nebenbeschäftigung

Name und Anschrift des Arbeitgebers:

_____

_____

Telefonnummer: _____ Faxnummer: _____

Personalnummer: _____

Höhe des monatlichen Einkommens : _____

_____

 Einzahlung auf das Konto _____ bei der _____

BLZ: _____

Krankenversichertennummer: _____

Sozialversicherungsnummer: _____

Rentenversicherungsträger: ( ) BfA   ( ) LVA   ( ) anderer: _____

Berufsgenossenschaft: _____

_____

Finanzamt: _____

_____

Steuernummer: _____

Besteht ein Anspruch auf

( ) Betriebsrente   ( ) Ja   ( ) Nein vorauss. Höhe: _____

( ) betriebliches Sterbegeld   ( ) Ja   ( ) Nein vorauss. Höhe: _____

( ) betriebliches Krankengeld ( ) Ja   ( ) Nein vorauss. Höhe: _____

( ) weitere betriebl. Unterstützung ( ) Ja ( ) Nein vorauss. Höhe: _____

Einkünfte aus Rentenzahlung

Es bestehen folgende Rentenansprüche:

Rente

( ) Bundesversicherungsanstalt für Angestellte (BfA)

( ) Landessversicherungsanstalt (LVA)

( ) Betriebsrente

( ) andere Art von Rentenzahlung _____

( ) Private Rentenleistung (z. B. Leibrente) _____

Name und Anschrift des Rentenzahlers:

_____

_____

Dortiger Ansprechpartner (ggf. mit Telefonnummer):

_____

ggf. Versicherungs-/Personalnummer: _____

Die Vertragsunterlagen befinden sich:

_____

Höhe der monatlichen Rentenzahlung _____

Einzahlung auf das Konto _____ bei der _____

BLZ: _____

Einkünfte aus Sozialleistungen

Sozialleistungen

( ) Arbeitslosengeld I   ( ) Arbeitslosengeld II   ( ) Krankengeld   ( ) Kindergeld

( ) Pflegegeld   ( ) Wohngeld

( ) andere Art von Sozialleistungen: _____

Name und Anschrift der leistenden Behörde:

_____

_____

Dortiger Ansprechpartner (ggf. mit Telefonnummer):

_____

Personalnummer: _____

Höhe der monatlichen Leistung _____

Einzahlung auf das Konto _____ bei der _____

BLZ: _____

Die Unterlagen befinden sich:

_____

Ergänzungen

Hier können Sie Punkte aufführen, die in den vorangegangenen Kapiteln noch nicht berücksichtigt wurden:

Gegenstand	Wo zu finden?

Muster für Patientenverfügungen und Vollmachten

Hinweis: Die nachfolgenden Vorlagen sind lediglich als Formulierungsbeispiele zu verstehen. Sie sollten daher im eigenen Interesse überprüfen, ob das Formulierungsbeispiel für Ihren persönlichen Fall tatsächlich anwendbar ist oder aber individualisiert und angepasst werden muss.

Formulierungsvorschlag für eine einfache Patientenverfügung

Sollte ich, _____, geboren am _____, wohnhaft in _____, derzeit im Vollbesitz meiner geistigen Kräfte, aufgrund einer möglichen Gebrechlichkeit bzw. Bewusstlosigkeit nicht mehr in der Lage sein, meine eigenen Wünsche, Vorstellungen und meinen eigenen Willen gegenüber behandelnden Ärzten zu äußern, so möchte ich über nachfolgende

Patientenverfügung

bereits Folgendes festlegen:
Ich bevollmächtige hiermit _____, wohnhaft _____, geboren am _____, mich in allen medizinischen Angelegenheiten zu vertreten. Mein__ Bevollmächtigte__ darf in sämtliche Maßnahmen zur Diagnose und Behandlungen von Krankheiten einwilligen, die Einwilligung hierzu verweigern oder zurücknehmen, Krankenunterlagen einsehen und in deren Herausgabe an Dritte einwilligen. Zu diesem Zweck entbinde ich die mich behandelnden Ärzte und deren nichtärztliche Mitarbeiter/innen gegenüber meine__ Bevollmächtigten von der Schweigepflicht. Die Entscheidungen meine__ Bevollmächtigten sind für die behandelnden Ärzte verbindlich. Diese Bevollmächtigung ist jederzeit ohne besondere Form widerruflich. Sollte mein__ Bevollmächtige__ hierzu nicht in der Lage oder bereit sein, benenne ich _____, geboren am _____, wohnhaft in _____ als meine__ Ersatzbevollmächtigte__.
Dies vorausgeschickt, erkläre ich hiermit, dass ich im Falle irreversibler Bewusstlosigkeit, wahrscheinlicher schwerer Dauerschädigung des Gehirns oder des dauernden Ausfalls lebenswichtiger Funktionen meines Körpers oder bei ungünstiger Prognose hinsichtlich meiner Erkrankung mit einer Intensivtherapie oder Reanimation nicht einverstanden bin. Für den Fall, dass durch eine solche ärztliche Maßnahme nicht mehr erreicht werden kann als eine Verlängerung des Leidens, verweigere ich hiermit ausdrücklich die Zustimmung zu weiter gehenden ärztlichen Eingriffen, zumal wenn sie mit erheblichen Schmerzen und Leidenszuständen verbunden sind.
Sollten Diagnose und Prognose der mich dann behandelnden Ärzte – ungeachtet der Möglichkeit einer Fehldiagnose – ergeben, dass meine Krankheit zum Tode führen

und mir aller Voraussicht nach große Schmerzen bereiten wird, so wünsche ich keine weiteren diagnostischen Eingriffe und keine Verlängerung meines Lebens mit den Mitteln der Intensivtherapie. Sollte ich eine Hirnschädigung oder eine Gehirnerkrankung haben, durch die meine normalen geistigen Funktionen schwerwiegend und irreparabel geschädigt worden sind, so bitte ich um eine Einstellung der Therapie, sobald durch die behandelnden Ärzte festgestellt wird, dass ich künftig nicht mehr in der Lage sein werde, ein menschenwürdiges Dasein zu führen.

Dies gilt insbesondere

- dann, wenn ich bei schwersten körperlichen Leiden und/oder in Dauerbewusstlosigkeit ohne medizinisch begründete Aussicht auf Wiedererlangung des Bewusstseins in einem Koma, auch Wachkoma, liege sowie
- für den Fall, dass bei geistigem Verfall keinerlei medizinisch begründete Aussicht mehr auf eine Wiederherstellung eines erträglichen und menschenwürdigen Lebens gegeben ist.

Dies gerade für den Fall, dass ich mich in einem medizinisch nicht mehr abwendbaren Sterbeprozess befinde, dies auch für das Endstadium einer tödlich verlaufenden, unheilbaren Krankheit, wenn die Sterbephase noch nicht begonnen hat. Es sollen dann keine Reanimationsmaßnahmen oder lebenserhaltende Maßnahmen an mir vorgenommen werden, insbesondere keine Intensivtherapie, Transplantationen, operativen Eingriffe und/oder künstliche Lebensverlängerung durch künstliche Beatmung oder Herzwiederbelebungsmaßnahmen.

Bei Verlust meiner Kommunikationsfähigkeit und meiner erfolgten Festlegung zum Verzicht/Abbruch von lebensverlängernden Maßnahmen wünsche ich auch keine künstliche Ernährung oder Flüssigkeitszufuhr durch Sonden und Infusionen bei dieser zuvor genannten Situation, im Bewusstsein, dass damit eine nach meiner Ansicht nicht notwendige Verlängerung meines Leidens- und auch Sterbeprozesses vermieden wird, jedoch bei Beachtung einer menschenwürdigen Pflege und Unterbringung mit sachgerechter, dann angemessener medizinischer Begleitung.

Wenn ich die Ärzte bitte, das Recht auf einen nach meinen Vorstellungen und Wünschen würdigen Tod zu beachten, so heißt das nicht, dass ich damit die ärztliche Hilfe und Behandlung/Pflege in der Form ausreichender Medikation und Leidensminderung generell ablehne. Vielmehr setze ich mein Vertrauen in von ärztlicher Seite aus anzuordnende schmerzlindernde Medikation, palliative Behandlungsmaßnahmen und bewusstseinsdämpfende Mittel zur Schmerz- und Symptombehandlung, auch wenn diese zur Bewusstseinsausschaltung oder wegen ihrer Nebenwirkungen zu einem früheren Ableben führen sollten.

Für die oben beschriebenen Fälle verfüge ich, dass mögliche Begleiterkrankungen dann nicht behandelt werden und eine bereits begonnene Behandlung abgebrochen werden soll.

Ich wünsche, dass die oben getroffenen Regelungen für den behandelnden Arzt und/oder Verantwortlichen als bindend und meinem Willen entsprechend angenommen werden. Die Adressaten dieser Patientenverfügung sollen an meine Erklärungen gebunden sein.

In der akuten Situation soll mir im Weiteren keine Änderung meines in dieser Verfügung bekundeten Willens unterstellt werden. Für den Fall einer Willensänderung werde ich dafür Sorge tragen, dass mein geänderter Wille erkennbar zum Ausdruck kommt.

(Falls nicht zutreffend, streichen:) Für den Fall meines Todeseintritts bestimme ich ergänzend, dass ich mit einer Obduktion meines Körpers einverstanden bin. Dies gilt auch für gebotene Organentnahmen bei Sicherstellung einer ordnungsgemäßen Organspende. Ich bin Organspender und verweise insoweit auf den vorhandenen Organspenderausweis in meinen persönlichen Unterlagen. Die dort erklärten Verfügungen gelten ergänzend nach wie vor.

(Falls nicht zutreffend, streichen:) Ich lehne jegliche Entnahme meiner Organe nach meinem Tode zu Transplantationszwecken ab.

(Je nach Wunsch, sonst streichen:) Ich bin grundsätzlich mit einer Obduktion einverstanden, wenn sich dadurch die Ursache meines Ablebens klären lässt.

(Je nach Wunsch, sonst streichen:) Ich wünsche die seelsorgerische Begleitung durch einen Vertreter/Beistand der _____ Kirche, auch in meiner Sterbephase bei Beachtung meines religiösen Empfindens und meiner Wertvorstellungen bei bestehender Kirchenzugehörigkeit.

(Je nach Wunsch, sonst streichen:) Ich wünsche die Begleitung eines hospizlichen Beistands/folgender Person _____

Hinweisen möchte ich darauf, dass ich zudem bereits eine Vorsorgevollmacht mit Betreuungsverfügung errichtet habe.

Diese Patientenverfügung gilt unabhängig von den separat erteilten Vollmachten.

_____, den _____

_____
Unterschrift des Vollmachtgebers und Verfügenden

Zeugenbestätigung:

Zeuge 1:

Ich bestätige heute mit meiner Unterschrift, dass Frau/Herr _____ _____ obige Patientenverfügung eigenhändig und für mich erkennbar im Vollbesitz seiner/ihrer geistigen und körperlichen Kräfte verfasst hat, selbstbestimmt und ohne jeglichen äußeren Einfluss hierzu verfügte. Frau/Herr _____ ist nach voller Überzeugung des Unterzeichners, die auf den persönlichen Eindruck und dem ständigen Kontakt zu ihr/ihm beruht, ohne jeden Zweifel geschäftsfähig/einsichtsfähig.

Als Zeuge: Frau/Herr _____, geboren am _____, wohnhaft _____.

_____
Datum, Unterschrift des Zeugen

Zeuge 2:

Ich bestätige heute mit meiner Unterschrift, dass Frau/Herr _____ _____ obige Patientenverfügung eigenhändig und für mich erkennbar im Vollbesitz seiner/ihrer geistigen und körperlichen Kräfte verfasst hat, selbstbestimmt und ohne jeglichen äußeren Einfluss hierzu verfügte. Frau/Herr _____ ist nach voller Überzeugung des Unterzeichners, die auf den persönlichen Eindruck und dem ständigen Kontakt zu ihr/ihm beruht, ohne jeden Zweifel geschäftsfähig/einsichtsfähig.

Als Zeuge: Frau/Herr _____, geboren am _____, wohnhaft _____.

_____
Datum, Unterschrift des Zeugen

Bei Ärzten als „Zeugen", zusätzlich oder ausschließlich, könnte am Ende einer Verfügung nachfolgender Formulierungsvorschlag angefügt werden:

Als zugezogener Arzt bestätige ich hiermit, dass nach einem Beratungsgespräch über die medizinischen Konsequenzen zu den inhaltlichen Festlegungen in dieser Patientenverfügung diese heute in meiner Gegenwart eigenhändig unterschrieben wurde und im Weiteren keine Zweifel an der Einsichtsfähigkeit, der Selbstbestimmung des freien Willens und der Einwilligungsfähigkeit für die getroffene Verfügung bestehen.

Ort, Datum und eigenhändige Unterschrift des Arztes mit Praxisstempel

Formulierungsbeispiel für eine Vorsorgevollmacht mit Betreuungsverfügung

Ich, _____, geboren am _____, wohnhaft in _____, im Vollbesitz meiner geistigen Kräfte, will in Ausübung meines Selbstbestimmungsrechts Vorsorge dafür treffen, dass geschäftliche und persönliche Angelegenheiten aller Art jetzt und künftig in meinem Namen erledigt werden können, und zwar auch dann, wenn ein Eigenhandeln infolge körperlicher oder geistiger Behinderung oder infolge Ortsabwesenheit oder anderweitiger Verhinderung nicht möglich sein sollte. Damit soll Fremdbestimmung, wie sie das Betreuungsrecht vorsieht, vermieden werden. Es soll also vermieden werden, dass möglicherweise fremde Personen für mich Entscheidungen in meinen persönlichen Angelegenheiten treffen. Die nachfolgenden Vollmachten und Verfügungen sollen aber unabhängig von meiner persönlichen Situation sofort wirksam sein. Dies vorausgeschickt, erkläre und erteile ich hiermit folgende

umfassende Allgemeinvollmacht
und Vorsorgevollmacht
mit Betreuungsverfügung.

§ 1 Allgemeine Vollmacht

Ich, _____, geboren am _____, wohnhaft in _____,
bestelle zu meine__ Bevollmächtigte__ _____,
geboren am _____, wohnhaft in _____
und ermächtige sie/ihn, mich in allen meinen Angelegenheiten gerichtlich und außergerichtlich gegenüber Behörden, Gerichten, Kreditinstituten sowie natürlichen und juristischen Personen ohne Ausnahme zu vertreten. Dies für den Fall, dass ich meine Angelegenheiten nicht mehr selbst erledigen kann.
Sollte mein__ Bevollmächtige__ aus tatsächlichen oder gesundheitlichen Gründen nicht in der Lage sein, meine Vertretung zu übernehmen, benenne ich hiermit folgende Person meines Vertrauens und bevollmächtige diese: _____
_____, geboren am _____, wohnhaft in _____. Die Bestellung meines Ersatzbevollmächtigten gilt auch für den Fall, dass _____ zur Vollmachts- und Vertretungsübernahme nicht bereit ist.
D__ Bevollmächtigte__ ist berechtigt, jede Rechtshandlung, die ich selbst vornehmen oder die ein Stellvertreter gesetzlich für mich vornehmen könnte, für mich und mit derselben Wirkung vorzunehmen, als wenn ich sie selbst vorgenommen hätte.
D__ Bevollmächtigte ist von den Beschränkungen des § 181 BGB befreit, kann mich also auch bei Rechtsgeschäften mit sich selbst oder als Vertreter eines Dritten vertreten. Ich bin mir der Bedeutung dieser Befreiung und der damit unter Umständen verbundenen Risiken bewusst.

Diese Vollmachtserteilungen sollen durch meinen Tod nicht erlöschen. Die Vollmacht ist stets widerruflich. Die Bevollmächtigung umfasst also auch die Vermögensverwaltung und/oder Abwicklung nach meinem Tod bis zum Abschluss eines etwaigen Erbscheinverfahrens oder dem Beginn einer Testamentsvollstreckung, soweit mit den legitimierten Erben keine anderweitige Vereinbarung getroffen wird.

(Falls gewünscht als Alternativregelung zu vorherigem Vorschlag:) Diese Vollmacht erlischt mit meinem Tod, sie ist an meine/n Erben herauszugeben.

D__ Bevollmächtigte darf die allgemeine Vollmacht nach § 1 ganz oder teilweise übertragen und Untervollmachten erteilen.

Die Vollmacht dient auch der Vermeidung einer notwendigen Betreuung, ansonsten sollte das zuständige Vormundschaftsgericht nach § 1897 Abs. 4 BGB dies als verbindlichen Vorschlag für eine Betreuereinsetzung unbedingt berücksichtigen. Auf die vorsorglich hierzu abgefasste Betreuungsverfügung darf ich ergänzend hinweisen.

Die Vollmacht bleibt daher in Kraft, wenn ich nach ihrer Errichtung geschäftsunfähig geworden bin.

Die Vollmacht berechtigt zur Vornahme aller Rechtshandlungen und Rechtsgeschäfte im Namen des Vollmachtgebers im In- und Ausland, insbesondere – ohne dass durch die folgende beispielhafte Aufzählung die umfassende Vollmacht eingeschränkt wird –

- zur Verfügung über Vermögensgegenstände jeder Art, zum Erwerb und zur Verwaltung von Vermögensgegenständen, insbesondere Verkauf,
- zur Verfügung über Bankkonten, Depots und sonstiges Geldvermögen und zur Regelung aller Bankgeschäfte (entsprechende Konto-/Bankvollmachten bei meinen Kreditinstituten sind dort hinterlegt),
- zur Vertretung gegenüber Versicherungsgesellschaften und gegenüber den Behörden, Dienststellen der Renten- und Sozialversicherungsträger, Versorgungseinrichtungen o. Ä.,
- zur Regelung sämtlicher Steuerangelegenheiten und zu sämtlichen Erklärungen gegenüber Finanzbehörden oder eingeschalteten Beratern,
- zum Abschluss und der damit verbunden Aufenthaltsbestimmung und zur Auflösung von Heimverträgen, zur Vertretung gegenüber der jeweiligen Heimleitung,
- zu sämtlichen Prozesshandlungen und allen Verfahrenshandlungen jedes Rechtszweigs, außergerichtlich und gerichtlich,
- zu allen Vertragsangelegenheiten, insbesondere Kündigung, Abwicklung und Abschluss von Verträgen,
- zur Vertretung in allen Wohnungsangelegenheiten, insbesondere Kündigung, Verwaltung und Abwicklung von Mietverhältnissen, aber auch anderer in meinem Eigentum stehenden Immobilien und Wohnungen,
- zu Maßnahmen nach § 1906 Abs. 1 und Abs. 4 BGB,
- im Post- und Fernmeldeverkehr auch für mich bestimmte Poststücke, Nachrichten etc. entgegenzunehmen, diese zu öffnen und alle damit zusammenhängenden Willenserklärungen abzugeben,

Bei allen Handlungen und Erklärungen für und/oder gegen mich muss und soll d__ Bevollmächtigte das Original dieser Vorsorgevollmacht mit sich führen und gegebenenfalls vorlegen können.

D__ Bevollmächtigte haftet lediglich für Vorsatz und grobe Fahrlässigkeit. Von einer weiteren Haftung mir gegenüber ist sie/er befreit. Dies wird einvernehmlich vereinbart.

D__ Bevollmächtigte hat ein von mir unterzeichnetes Original dieser Vollmacht erhalten, eine Kopie befindet sich in meinen persönlichen Unterlagen.

§ 2 Vorsorgevollmacht

Ich bevollmächtige d__ vorgenannte__ Bevollmächtigte__ außerdem, mich in meinen persönlichen Entscheidungen über mein Wohlergehen, über ärztliche Maßnahmen jeder Art, über meinen Aufenthalt sowie gegebenenfalls über den Abschluss, die Änderung und die Beendigung von Heimverträgen in jeder Weise zu vertreten.

Diese Vorsorgevollmacht berechtigt auch

- zu Einwilligungen in eine Untersuchung des Gesundheitszustands, eine Heilbehandlung oder einen ärztlichen Eingriff, wenn die begründete Gefahr besteht, dass ich aufgrund der Maßnahme sterben oder einen schweren und länger dauernden gesundheitlichen Schaden erleiden kann; dies gilt jedoch nur, wenn die Maßnahmen mit den in der separaten, am _____ eigenhändig errichteten Patientenverfügung geäußerten Wünschen vereinbar sind;
- zur Abgabe und Durchsetzung aller in meiner Patientenverfügung formulierten Erklärungen gegenüber den behandelnden Ärzten/dem Pflegepersonal; somit auch, wenn ergänzend erforderlich, die Erteilung der Einwilligung in alle von ärztlicher Seite aus vorgesehenen Behandlungen, Eingriffe, auch wenn entsprechend meinem Willen in der Patientenverfügung ein vorzeitiger Sterbefall eintreten sollte. Es darf damit auch, soweit ergänzend notwendig, die Einwilligung zum Abbruch oder Unterlassen von lebensverlängernden Maßnahmen erteilt werden;
- zu einer Unterbringung, die mit Freiheitsentziehung verbunden ist, dies jedoch nur, solange sie zu meinem Wohl erforderlich ist,

    a) weil aufgrund einer psychischen Krankheit oder geistigen oder seelischen Behinderung die Gefahr besteht, dass ich mich selbst töte oder mir erheblichen gesundheitlichen Schaden zufüge oder
    b) weil eine Untersuchung des Gesundheitszustands, eine Heilbehandlung oder ein ärztlicher Eingriff notwendig sind, ohne meine Unterbringung nicht durchgeführt werden können und ich aufgrund einer psychischen Krankheit oder geistigen oder seelischen Behinderung die Notwendigkeit der Unterbringung nicht erkennen oder nicht nach dieser Einsicht handeln kann;

- dazu, mir durch mechanische Vorrichtungen, Medikamente oder auf andere Weise über einen längeren Zeitraum oder regelmäßig die Freiheit zu entziehen, wenn ich mich in einer Anstalt, einem Heim oder einer sonstigen Einrichtung aufhalte, ohne untergebracht zu sein,

soweit diese Maßnahmen zu meinem Wohle erforderlich sind.

Dies gilt unabhängig davon, ob der/die Bevollmächtigte ggf. zu bestimmten Maßnahmen und Handlungen nach § 1904 und § 1906 BGB der vormundschaftsgerichtlichen Genehmigung bedarf.

Ich entbinde die mich behandelnden Ärzte/das Pflegepersonal/das nichtärztliche Personal gegenüber de__ Bevollmächtigten von seiner/ihrer Schweigepflicht. Die Ärzte sind verpflichtet, de__ Bevollmächtigten auf Anforderung jede gewünschte Auskunft über meine Erkrankung zu geben und Einsicht in die Krankenunterlagen zu gewähren. Eine evtl. Unwirksamkeit einzelner Verfügungen/Festlegungen über diese Vollmacht soll die Wirksamkeit der anderen Verfügungen nicht berühren.

§ 3 Betreuungsverfügung

Sollte die vorgenannte Vollmachtsregelung nicht zur Erledigung aller Aufgaben für mich ausreichen, schlage ich dem zuständigen Vormundschaftsgericht nach § 1897 Abs. 4 BGB mein__ in § 1 bestimmte__ Bevollmächtigte__, _____, als Betreuer__ vor. Im Verhinderungsfall oder bei einer nicht erfolgten Übernahme der Betreuung als Ersatzperson meines Vertrauens _____, wie zuvor als Ersatzbevollmächtigte_ benannt.

Soweit eine Kontrollbetreuungsbestellung nach § 1896 Abs. 3 BGB erforderlich werden sollte, bitte ich hierfür die benannte Ersatzperson, ansonsten Frau/Herrn _____ vorzusehen.

Ergänzend wünsche ich, dass Frau/Herr _____ keinesfalls für/in meine Betreuung/ein amtliches Betreuungsverfahren vorgesehen/eingebunden werden soll.

§ 4 Weitere Hinweise/Festlegungen

_____

_____

_____, den _____

_____

Unterschrift des Vollmachtgebers und Verfügenden

Zeugenbestätigung:

Zeuge 1:

Ich bestätige heute mit meiner Unterschrift, dass _____ obige allgemeine Vollmacht, Vorsorge- und Betreuungsvollmacht und eine separat abgefasste Patientenverfügung eigenhändig und im Vollbesitz seiner/ihrer geistigen und körperlichen Kräfte verfasst hat und Frau/Herr _____ dies selbstbestimmt und ohne jeglichen äußeren Einfluss verfügte. Frau/Herr _____ ist nach voller Überzeugung des Unterzeichners, die auf den persönlichen Eindruck und dem ständigen Kontakt zu ihm beruht, ohne jeden Zweifel geschäftsfähig/einsichtsfähig.

Als Zeuge: _____, geboren am _____, wohnhaft in

_____.

_____

Unterschrift des Zeugen

Zeuge 2:

Ich bestätige heute mit meiner Unterschrift, dass _____
obige allgemeine Vollmacht, Vorsorge- und Betreuungsvollmacht und eine separat abgefasste Patientenverfügung eigenhändig und im Vollbesitz seiner/ihrer geistigen und körperlichen Kräfte verfasst hat und Frau/Herr _____
dies selbstbestimmt und ohne jeglichen äußeren Einfluss verfügte. Frau/Herr
_____ ist nach voller Überzeugung des Unterzeichners, die auf den persönlichen Eindruck und dem ständigen Kontakt zu ihm beruht, ohne jeden Zweifel geschäftsfähig/einsichtsfähig.

Als Zeuge: _____, geboren am _____, wohnhaft in

_____.

_____

Unterschrift des Zeugen

Soweit ein Arzt als Zeuge zur Verfügung steht und hierzu einwilligt, kann auch hier die besondere Zeugenbestätigung als Formulierungsvorschlag verwendet werden:

„Als zugezogener Arzt bestätige ich hiermit, dass nach einem Beratungsgespräch über die medizinischen Konsequenzen zu den inhaltlichen Festlegungen in dieser Patientenverfügung diese heute in meiner Gegenwart eigenhändig unterschrieben wurde und im Weiteren keine Zweifel an der Einsichtsfähigkeit, der Selbstbestimmung des freien Willens und der Einwilligungsfähigkeit für die getroffene Verfügung bestehen."

_____

(Ort, Datum und eigenhändige Unterschrift des Arztes mit Praxisstempel)

Muster: Einfache Vorsorgevollmacht

Vorsorgevollmacht

des Herrn Otto Normalerblasser,
geboren am 04.09.1919,
wohnhaft in ABC-Straße 123, 80939 München

Nach eingehender Beratung durch meinen Rechtsanwalt _____ aus
_____ über die verschiedenen Möglichkeiten einer rechtlichen
Vorsorge für ein selbstbestimmtes Leben und deren Tragweite sowie nach eingehender
Belehrung über die mit der Erteilung einer Vorsorgevollmacht verbundenen Risiken
bevollmächtige ich

**Herrn Ludwig Thomas, geboren am 11.08.1961,
derzeit wohnhaft in ABC Str. 456, 80939 München
ersatzweise**

_____

im Vollbesitz meiner geistigen Kräfte und in Kenntnis der Tragweite meiner Anordnungen, soweit gesetzlich zulässig, mich in allen Angelegenheiten, auch in Gesundheitsangelegenheiten und bei der Aufenthaltsbestimmung, sowie in allen Post-, Ver-
mögens-, Steuer- und sonstigen Rechtsangelegenheiten in jeder denkbaren Richtung
zu vertreten. Diese Verfügung soll insbesondere der Vermeidung einer rechtlichen
Betreuung nach § 1896 Abs. 2 S. 2 BGB dienen.
Das Innenverhältnis dieser Vollmacht ist in gesonderten, dieser Vollmacht zugrunde
liegenden Verträgen geregelt.

§ 1 Vermögensangelegenheiten

Die Vollmacht gilt für **alle** vermögensrechtlichen Angelegenheiten, insbesondere auch
für die nachfolgend aufgezählten Tätigkeiten:

- Vermögenserwerbungen und -veräußerungen sowie Belastungen jeder Art für mich
  vorzunehmen und Verbindlichkeiten beliebiger Art und Höhe für mich – auch in
  vollstreckbarer Form – einzugehen;
- Vermögenswerte beliebiger Art, namentlich Geld, Sachen, Wertpapiere und
  Schriftstücke für mich in Empfang zu nehmen;
- über meine vorhandenen Konten und Schließfächer bei Banken beliebig zu
  verfügen, neue Konten und Schließfächer zu eröffnen, zu unterhalten und zu
  schließen, Geldbeträge einzuzahlen und abzuheben, Wertpapiere und Wertsachen
  zu hinterlegen und zu entnehmen;
- Verträge sonstiger Art unter beliebigen Bestimmungen abzuschließen, Vergleiche
  einzugehen, Verzichte zu erklären und Nachlässe zu bewilligen;

- mich als Erben, Pflichtteilsberechtigten, Vermächtnisnehmer, Schenker oder Beschenkten in jeder Weise, namentlich auch bei Vermögens- und Gemeinschaftsauseinandersetzungen jeder Art, zu vertreten und auch Ausschlagungserklärungen für mich abzugeben;
- meine Versorgungsangelegenheiten (Pension, Rente usw.) zu regeln;
- Prozesse für mich als Kläger oder Beklagter zu führen und hierbei die Rechte eines Prozessbevollmächtigten im vollen Umfang des § 79 ZPO auszuüben, mich in allen gerichtlichen und außergerichtlichen Verfahren als Gläubiger oder Schuldner, Kläger oder Beklagten oder in jeder sonst in Frage kommenden Eigenschaft ohne jede Einschränkung zu vertreten;
- die Vertretung zu allen Verfahrenshandlungen, auch i. S. v. § 13 SGBX;
- meinen Haushalt aufzulösen und über das Inventar zu verfügen;
- Vereinbarungen mit Kliniken, Alters- und Pflegeheimen abzuschließen und zu diesem Zweck Sicherungshypotheken auch für den Sozialhilfeträger zu bestellen. Hierbei erkläre ich es jedoch zu meinem ausdrücklichen Wunsch, dass ich so lange wie medizinisch möglich eine Betreuung zu Hause wünsche. Die Unterbringung in einem Heim darf nur als ultima ratio und nur dann durch den Bevollmächtigten durchgeführt werden, wenn zwei Ärzte unabhängig voneinander dies empfehlen. Nur wenn die ärztlichen Bestätigungen vorliegen, kann ein Heim- oder sonstiger Unterbringungsvertrag durch meinen Bevollmächtigten wirksam geschlossen werden;
- über Art und Umfang der Beerdigung zu entscheiden und Sterbegelder in Empfang zu nehmen und zu quittieren;
- den Nachlass bis zur amtlichen Feststellung der Erben in Besitz zu nehmen und zu verwalten.

Diese Aufzählung ist exemplarisch und nicht abschließend zu verstehen.

§ 2 Gesundheitssorge und Selbstbestimmungsrecht

Im Bereich der Gesundheitssorge und des Selbstbestimmungsrechts umfasst diese Vollmacht eine generelle Vertretung, insbesondere aber auch die Vertretung bei folgenden Maßnahmen und Entscheidungen:

- bei Fragen der Aufenthaltsbestimmung, vor allem bei der Entscheidung über meine Unterbringung in einem Pflegeheim oder Hospiz, in einer geschlossenen Anstalt, die Aufnahme in ein Krankenhaus oder eine ähnliche Einrichtung;
- bei einer Maßnahme nach § 1906 Abs. 1 BGB, also einer Unterbringung, die zu meinem Wohl erforderlich ist, weil aufgrund einer psychischen Krankheit oder geistigen oder seelischen Behinderung die Gefahr besteht, dass ich mich selbst töte, oder erhebliche Gefahr besteht, dass ich mir gesundheitlichen Schaden zufüge, oder eine Untersuchung meines Gesundheitszustands, eine Heilbehandlung oder ein ärztlicher Eingriff notwendig ist, die ohne meine Unterbringung nicht durchgeführt werden kann, und ich aufgrund einer psychischen Krankheit oder geistigen oder seelischen Behinderung die Notwendigkeit einer solchen Unterbringung nicht erkennen oder nicht nach dieser Einsicht handeln kann;

- bei einer Maßnahme nach § 1906 Abs. 4 BGB, wenn ich mich also in einer Anstalt, einem Heim oder einer sonstigen Einrichtung aufhalte, ohne dort untergebracht zu sein, und mir die Freiheit über einen längeren Zeitraum oder regelmäßig durch Bettgitter, Bauchgurt oder andere mechanische Vorrichtungen, Medikamente oder auf andere Weise entzogen werden soll;
- bei der Entscheidung über die Durchführung einer Untersuchung meines Gesundheitszustands, einer Heilbehandlung oder eines ärztlichen Eingriffs. Dies gilt auch bei der Entscheidung über Maßnahmen nach § 1904 Abs. 1 BGB, also die Einwilligung in eine Untersuchung meines Gesundheitszustands, eine Heilbehandlung oder einen ärztlichen Eingriff, auch wenn die begründete Gefahr besteht, dass ich aufgrund dieser Maßnahme versterbe oder einen schweren und länger andauernden gesundheitlichen Schaden erleiden kann;
- bei der Entscheidung über die Verabreichung von Medikamenten, die erhebliche unerwünschte Nebenwirkungen haben oder haben können;
- bei der Entscheidung über die Anwendung neuer, noch nicht zugelassener Medikamente und Behandlungsmethoden.

§ 3 Patientenverfügung

Außerdem erstelle ich folgende **Patientenverfügung**. Meine diesbezügliche Verfügung soll gelten, wenn

- ich mich aller Wahrscheinlichkeit nach unabwendbar im unmittelbaren Sterbeprozess befinde;
- ich mich im Endstadium einer unheilbaren, tödlich verlaufenden Krankheit befinde, selbst wenn der Todeszeitpunkt noch nicht absehbar ist;
- infolge einer Gehirnschädigung meine Fähigkeit, Einsichten zu gewinnen, Entscheidungen zu treffen und mit anderen Menschen in Kontakt zu treten, nach Einschätzung zweier erfahrener Ärztinnen oder Ärzte aller Wahrscheinlichkeit nach unwiederbringlich erloschen ist, selbst wenn der Todeszeitpunkt noch nicht absehbar ist. Dies gilt für direkte Gehirnschädigung z. B. durch Unfall, Schlaganfall oder Entzündung ebenso wie für indirekte Gehirnschädigung z. B. nach Wiederbelebung, Schock oder Lungenversagen. Es ist mir bewusst, dass in solchen Situationen die Fähigkeit zu Empfindungen erhalten sein kann und dass ein Aufwachen aus diesem Zustand nicht ganz sicher auszuschließen, aber unwahrscheinlich ist;
- ich infolge eines weit fortgeschrittenen Hirnabbauprozesses (z. B. bei Demenzerkrankung) auch mit ausdauernder Hilfestellung nicht mehr in der Lage bin, Nahrung und Flüssigkeit auf natürliche Weise zu mir zu nehmen.

Festlegungen zu Einleitung, Umfang oder Beendigung bestimmter ärztlicher Maßnahmen

Lebenserhaltende Maßnahmen

In den oben beschriebenen Situationen wünsche ich, dass alle lebenserhaltenden Maß-nahmen unterlassen werden.

Schmerz- und Symptombehandlung

In den oben beschriebenen Situationen wünsche ich eine fachgerechte Schmerz- und Symptombehandlung, aber keine bewusstseinsdämpfenden Mittel zur Schmerz- und Symptombehandlung. Die unwahrscheinliche Möglichkeit einer ungewollten Verkürzung meiner Lebenszeit durch schmerz- und symptomlindernde Maßnahmen nehme ich in Kauf.

Künstliche Ernährung

In den oben beschriebenen Situationen wünsche ich, dass keine künstliche Ernährung unabhängig von der Form der künstlichen Zuführung der Nahrung (z. B. Magensonde durch Mund, Nase oder Bauchdecke, venöse Zugänge) erfolgt.

Künstliche Flüssigkeitszufuhr

In den oben beschriebenen Situationen wünsche ich die Unterlassung jeglicher künstlicher Flüssigkeitszufuhr.

Wiederbelebung

Nicht nur in den oben beschriebenen Situationen, sondern in allen Fällen eines Kreislaufstillstands oder Atemversagens lehne ich Wiederbelebungsmaßnahmen ab.

Künstliche Beatmung

In den oben beschriebenen Situationen wünsche ich, dass keine künstliche Beatmung durchgeführt bzw. eine schon eingeleitete Beatmung eingestellt wird, unter der Voraussetzung, dass ich Medikamente zur Linderung der Luftnot erhalte. Die Möglichkeit einer Bewusstseinsdämpfung oder einer ungewollten Verkürzung meiner Lebenszeit durch diese Medikamente nehme ich in Kauf.

Dialyse

In den oben beschriebenen Situationen wünsche ich, dass keine Dialyse durchgeführt bzw. eine schon eingeleitete Dialyse eingestellt wird.

Antibiotika

In den oben beschriebenen Situationen wünsche ich Antibiotika nur zur Linderung meiner Beschwerden.

Blut/Blutbestandteile

In den oben beschriebenen Situationen wünsche ich die Gabe von Blut oder Blutbestandteilen nur zur Linderung meiner Beschwerden.

Ort der Behandlung, Beistand

( ) Ich möchte, wenn möglich, in einem Hospiz sterben.
( ) Ich möchte hospizlichen Beistand.

151

Aussagen zur Verbindlichkeit, zur Auslegung und Durchsetzung und zum Widerruf der Patientenverfügung

Ich erwarte, dass der in meiner Patientenverfügung geäußerte Wille zu bestimmten ärztlichen und pflegerischen Maßnahmen von den behandelnden Ärztinnen und Ärzten und dem Behandlungsteam befolgt wird.

Mein Vertreter – z. B. Bevollmächtigter/Betreuer – soll dafür Sorge tragen, dass mein Wille durchgesetzt wird.

Sollten eine Ärztin oder ein Arzt oder das Behandlungsteam nicht bereit sein, meinen in dieser Patientenverfügung geäußerten Willen zu befolgen, erwarte ich, dass für eine anderweitige medizinische und/oder pflegerische Behandlung gesorgt wird. Von meiner Vertreterin/meinem Vertreter (z. B. Bevollmächtigte/r oder Betreuer/in) erwarte ich, dass sie/er die weitere Behandlung so organisiert, dass meinem Willen entsprochen wird.

Wenn ich meine Patientenverfügung nicht widerrufen habe, wünsche ich nicht, dass mir in der konkreten Anwendungssituation eine Änderung meines Willens unterstellt wird. Wenn aber die behandelnden Ärztinnen und Ärzte/das Behandlungsteam/mein(e) Bevollmächtigte(r)/Betreuer(in) aufgrund meiner Gesten, Blicke oder anderen Äußerungen die Auffassung vertreten, dass ich entgegen den Festlegungen in meiner Patientenverfügung doch behandelt oder nicht behandelt werden möchte, dann ist möglichst im Konsens aller Beteiligten zu ermitteln, ob die Festlegungen in meiner Patientenverfügung noch meinem aktuellen Willen entsprechen. Die letzte Entscheidung über anzuwendende oder zu unterlassende ärztliche/pflegerische Maßnahmen liegt bei bei dem Bevollmächtigten aus dieser Vollmacht.

Auf keinen Fall wünsche ich, dass Herr/Frau _____

_____(ggf. Adresse) mein Betreuer o. Ä. wird.

§ 4 Krankenunterlagen, ärztliche Schweigepflicht

Meine Bevollmächtigten werden ausdrücklich ermächtigt, in meine Krankenunterlagen einzusehen und alle Auskünfte und Informationen von den behandelnden Ärzten und dem Krankenhaus zu verlangen; meine behandelnden Ärzte werden von der Schweigepflicht entbunden.

§ 5 Kontrolle der Ärzte und des Pflegepersonals

Auch sollen meine Bevollmächtigten die Kontrolle darüber ausüben, ob die Klinik, die Ärzte und das Pflegepersonal mir trotz meiner Bewusstlosigkeit oder Entscheidungsunfähigkeit eine angemessene ärztliche und pflegerische Betreuung zukommen lassen, die zugleich auch eine menschenwürdige Unterbringung umfasst. Die Kontrolle bezieht sich auch auf eine Sterbebegleitung und die Leithilfe, die Ärzte und Pflegepersonal zu verpflichten, Schmerz, Atemnot, unstillbarem Brechreiz, Erstickungsangst oder vergleichbar schweren Angstzuständen entgegenzuwirken, selbst wenn mit diesen palliativen Maßnahmen das Risiko einer Lebensverkürzung nicht ausgeschlossen werden kann.

Insbesondere sollen meine Bevollmächtigten hier auch an die von mir in meiner Patientenverfügung festgelegten Wünsche gebunden sein und diese gegenüber Dritten befolgen und durchsetzen.

Meine Bevollmächtigten dürfen in meinem Namen auch bereits erteilte Einwilligungen zurücknehmen oder Einwilligungen verweigern, Krankenunterlagen einsehen und deren Herausgabe an Dritte bewilligen.

§ 6 Betreuungsverfügung

Sollte das Vormundschaftsgericht eine Betreuung für erforderlich halten, möchte ich, dass hierzu

Herr Ludwig Thomas, geboren am 11.08.1961,
derzeit wohnhaft in ABC Str. 456, 80939 München
ersatzweise

bestimmt wird.

Im Falle einer Anordnung einer Betreuung gelten alle hier in dieser Vollmacht getroffenen Anweisungen gleichzeitig als Betreuungsverfügung.

§ 7 Wirksamkeit und Widerruf

Die Vollmacht wird mit der Unterzeichnung durch mich wirksam und gilt nach außen uneingeschränkt.

Im Innenverhältnis wird mein Bevollmächtigter jedoch angewiesen, die Vollmacht nur nach meiner vorherigen Weisung zu gebrauchen.

Die Vollmacht ist nur wirksam, soweit und solange mein Bevollmächtigter bei einer Vornahme einer jeden Vertreterhandlung im unmittelbaren Besitz der Vollmachtsurkunde ist.

Die Vollmacht erlischt nicht, wenn ich geschäftsunfähig werden sollte; sie erlischt auch nicht durch meinen Tod.

Die Vollmacht kann durch den Vollmachtgeber selbst jederzeit mit sofortiger Wirkung widerrufen werden.

§ 8 Stellvertretung

Meine Bevollmächtigten können diese Vollmacht ganz oder teilweise auf andere übertragen und eine solche Übertragung widerrufen.

§ 9 Kontrollbevollmächtigung

Zum Kontrollbevollmächtigten über diese Vollmacht bestimme ich

_____

Mein Kontrollbevollmächtigter kann die mir gegenüber meinen Bevollmächtigten zustehenden Rechte ebenso geltend machen wie ein vom Vormundschaftsgericht nach § 1896 Abs. 3 BGB bestellter Betreuer.

_____, den   _____
                                                    Unterschrift

Muster: Umfassende Vorsorgevollmacht mit Patientenverfügung

Vorsorgevollmacht

des Herrn Otto Normalerblasser,
geboren am 04.09.1919,
wohnhaft in ABC-Straße 123, 80939 München

Nach eingehender Beratung durch meinen Rechtsanwalt _____ aus _____ über die verschiedenen Möglichkeiten einer rechtlichen Vorsorge für ein selbstbestimmtes Leben und deren Tragweite sowie nach eingehender Belehrung über die mit der Erteilung einer Vorsorgevollmacht verbundenen Risiken bevollmächtige ich

Herrn Ludwig Thomas, geboren am 11.08.1961,
derzeit wohnhaft in ABC-Str. 456, 80939 München,

ersatzweise

_____

im Vollbesitz meiner geistigen Kräfte und in Kenntnis der Tragweite meiner Anordnungen, soweit gesetzlich zulässig, mich in allen Angelegenheiten, auch in Gesundheitsangelegenheiten und bei der Aufenthaltsbestimmung, sowie in allen Post-, Vermögens-, Steuer- und sonstigen Rechtsangelegenheiten in jeder denkbaren Richtung zu vertreten. Diese Verfügung soll insbesondere der Vermeidung einer rechtlichen Betreuung nach § 1896 Abs. 2 S. 2 BGB dienen.

Das Innenverhältnis dieser Vollmacht ist in gesonderten, dieser Vollmacht zugrunde liegenden Verträgen geregelt.

§ 1 Vermögensangelegenheiten

Die Vollmacht gilt für **alle** vermögensrechtlichen Angelegenheiten, insbesondere auch für die nachfolgend nur beispielhaft und nicht abschließend aufgezählten Tätigkeiten:

- Vermögenserwerbungen und -veräußerungen sowie Belastungen jeder Art für mich vorzunehmen und Verbindlichkeiten beliebiger Art und Höhe für mich – auch in vollstreckbarer Form – einzugehen;
- Vermögenswerte beliebiger Art, namentlich Geld, Sachen, Wertpapiere und Schriftstücke, für mich in Empfang zu nehmen;
- über meine vorhandenen Konten und Schließfächer bei Banken beliebig zu verfügen, neue Konten und Schließfächer zu eröffnen, zu unterhalten und zu

schließen, Geldbeträge einzuzahlen und abzuheben, Wertpapiere und Wertsachen zu hinterlegen und zu entnehmen;

- Verträge sonstiger Art unter beliebigen Bestimmungen abzuschließen, Vergleiche einzugehen, Verzichte zu erklären und Nachlässe zu bewilligen;
- Gesellschafterrechte auszuüben, insbesondere Teilnahme an Veranstaltungen und Stimmrechtsausübung;
- Verfügungen von Todes wegen anzuerkennen oder anzufechten, Erbschaften anzunehmen oder auszuschlagen, mich als Erben, Pflichtteilsberechtigten, Vermächtnisnehmer, Schenker oder Beschenkten in jeder Weise, auch bei Vermögens- und Gemeinschaftsauseinandersetzungen zu vertreten und Erklärungen für mich abzugeben und alles zu tun, was zur vollständigen Regelung von Nachlässen und zu deren Teilung notwendig ist;
- mich in Renten-, Versorgungs-, Beihilfe-, Steuer-, Pflegeversicherungs-, Versicherungs- und sonstigen Angelegenheiten und zur Beantragung von Leistungen jeder Art wie Renten, Versorgungsbezüge, Pflegeversicherungsleistungen, Grundsicherung oder Sozialhilfe zu vertreten;
- Prozesse für mich als Kläger oder Beklagter zu führen und hierbei die Rechte eines Prozessbevollmächtigten im vollen Umfang des § 79 ZPO auszuüben, mich in allen gerichtlichen und außergerichtlichen Verfahren als Gläubiger oder Schuldner, Kläger oder Beklagten oder in jeder sonst in Frage kommenden Eigenschaft ohne jede Einschränkung zu vertreten. Hierunter fällt auch die Möglichkeit, Vergleiche abzuschließen, Verzichte zu erklären und Ansprüche anzuerkennen, Wiedereinsetzung in den vorigen Stand, einstweilige Verfügungen und Arreste zu erwirken;
- die Vertretung zu allen Verfahrenshandlungen, auch i. S. v. § 13 SGBX;
- meinen Haushalt aufzulösen und über das Inventar zu verfügen;
- Vereinbarungen mit Kliniken, Alters- und Pflegeheimen abzuschließen und zu diesem Zweck Sicherungshypotheken auch für den Sozialhilfeträger zu bestellen. Hierbei erkläre ich es jedoch zu meinem ausdrücklichen Wunsch, dass ich so lange wie medizinisch möglich eine Betreuung zu Hause wünsche. Die Unterbringung in einem Heim darf nur als ultima ratio und nur dann durch den Bevollmächtigten durchgeführt werden, wenn zwei Ärzte unabhängig voneinander dies empfehlen. Nur wenn die ärztlichen Bestätigungen vorliegen, kann ein Heim- oder sonstiger Unterbringungsvertrag durch meinen Bevollmächtigten wirksam geschlossen werden;
- über Art und Umfang der Beerdigung zu entscheiden und Sterbegelder in Empfang zu nehmen und zu quittieren;
- den Nachlass bis zur amtlichen Feststellung der Erben in Besitz zu nehmen und zu verwalten.

§ 2 Gesundheitssorge und Selbstbestimmungsrecht

Im Bereich der Gesundheitssorge und des Selbstbestimmungsrechts umfasst diese Vollmacht eine generelle Vertretung, insbesondere aber auch die Vertretung bei folgenden Maßnahmen und Entscheidungen:

- bei Fragen der Aufenthaltsbestimmung, vor allem bei der Entscheidung über meine Unterbringung in einem Pflegeheim oder Hospiz, in einer geschlossenen Anstalt, die Aufnahme in ein Krankenhaus oder eine ähnliche Einrichtung;
- bei einer Maßnahme nach § 1906 Abs. 1 BGB, also einer Unterbringung, die zu meinem Wohl erforderlich ist, weil aufgrund einer psychischen Krankheit oder geistigen oder seelischen Behinderung die Gefahr besteht, dass ich mich selbst töte, oder erhebliche Gefahr besteht, dass ich mir gesundheitlichen Schaden zufüge, oder eine Untersuchung meines Gesundheitszustands, eine Heilbehandlung oder ein ärztlicher Eingriff notwendig ist, die ohne meine Unterbringung nicht durchgeführt werden können, und ich aufgrund einer psychischen Krankheit oder geistigen oder seelischen Behinderung die Notwendigkeit einer solchen Unterbringung nicht erkennen oder nicht nach dieser Einsicht handeln kann;
- bei einer Maßnahme nach § 1906 Abs. 4 BGB, wenn ich mich also in einer Anstalt, einem Heim oder einer sonstigen Einrichtung aufhalte, ohne dort untergebracht zu sein, und mir die Freiheit über einen längeren Zeitraum oder regelmäßig durch Bettgitter, Bauchgurt oder andere mechanische Vorrichtungen, Medikamente oder auf andere Weise entzogen werden soll;
- bei der Entscheidung über die Durchführung einer Untersuchung meines Gesundheitszustands, einer Heilbehandlung oder eines ärztlichen Eingriffs. Dies gilt auch bei der Entscheidung über Maßnahmen nach § 1904 Abs. 1 BGB, also die Einwilligung in eine Untersuchung meines Gesundheitszustands, eine Heilbehandlung oder einen ärztlichen Eingriff, auch wenn die begründete Gefahr besteht, dass ich aufgrund dieser Maßnahme versterbe oder einen schweren und länger andauernden gesundheitlichen Schaden erleiden kann;
- bei der Entscheidung über die Verabreichung von Medikamenten, die erhebliche unerwünschte Nebenwirkungen haben oder haben können;
- bei der Entscheidung über die Anwendung neuer, noch nicht zugelassener Medikamente und Behandlungsmethoden;
- bei der Entscheidung darüber, ob bei einem voraussichtlich länger andauernden Zustand der Bewusstlosigkeit (Wachkoma) eine künstliche Ernährung oder Flüssigkeitszufuhr eingeleitet oder abgebrochen wird. Insbesondere wünsche ich nicht durch eine PEG-Sonde oder eine medizinisch vergleichbare Ernährungsmethode künstlich am Leben erhalten zu werden, wenn ich länger als sechs Monate Komapatient sein sollte;
- bei der Entscheidung über einen Behandlungsabbruch oder die Einstellung lebenserhaltender oder lebensverlängernder Maßnahmen, wenn mein Grundleiden mit infauster Prognose irreversiblen Verlauf genommen hat und ich mich in einem Zustand befinde, in dem ein bewusstes und umweltbezogenes Leben mit eigener Persönlichkeitsgestaltung nicht mehr möglich ist. Zu den lebenserhaltenden Maßnahmen gehören insbesondere künstliche Flüssigkeites- und Nahrungszufuhr, Sauerstoffzufuhr, künstliche Beatmung, Medikation, Bluttransfusion und Dialyse;
- bei der Entscheidung darüber, ob nach meinem Tod zu Transplantationszwecken Organe entnommen werden dürfen;
- bei der Entscheidung über Art und Umfang meiner Beerdigung sowie das Recht meiner Totensorge;

- bei der Entscheidung über meinen Fernmeldeverkehr sowie das Recht zur Weiterleitung, Entgegennahme, zum Anhalten und Öffnen meiner Post und zur Entgegennahme von Wahlunterlagen;
- das Recht, die Herausgabe meiner Person von jedem zu verlangen, der mich meinem Bevollmächtigten gegenüber widerrechtlich vorenthält;
- das Recht, meinen Umgang auch mit Wirkung für und gegen Dritte zu bestimmen;
- das Recht, Strafanzeigen und oder Strafanträge bei den zuständigen Stellen in meinem Namen zu stellen.

Diese Aufzählung ist exemplarisch und nicht abschließend zu verstehen.

Bei der Zustimmung oder Verweigerung zu einer Untersuchung meines Gesundheitszustands, zu einer medizinischen Behandlung oder zu einem medizinischen Eingriff verfüge ich, dass von meinem Bevollmächtigten alle Maßnahmen mit den Ärzten intensiv beraten und nur nach Maßgabe meiner gesondert abgefassten Patientenverfügung vorgenommen werden. Soweit ich in Gesundheits- oder Behandlungsfragen selbst mündlich, schriftlich oder auf andere Weise eine Erklärung abgegeben bzw. meinen eigenen Willen kundgetan habe, ist einzig und allein mein Wille maßgeblich.

§ 3 Krankenunterlagen, ärztliche Schweigepflicht

Meine Bevollmächtigten werden ausdrücklich ermächtigt, meine Krankenunterlagen einzusehen und alle Auskünfte und Informationen von den behandelnden Ärzten und vom Krankenhaus zu verlangen; meine behandelnden Ärzte werden von der Schweigepflicht entbunden. Gleiches gilt für alle weiteren Stellen und Personen, die einer Schweigepflicht unterliegen (z. B. Rechtsanwälte, Steuerberater, Krankenkassen usw.). Sie sind hiermit gegenüber meinem Bevollmächtigten und meinem Kontrollbevollmächtigten von ihrer Schweigepflicht entbunden und zur Erteilung von Auskünften und zur Ermöglichung der Einsichtnahme meines Bevollmächtigten und Kontrollbevollmächtigten in Akten und Unterlagen verpflichtet.

§ 4 Kontrolle der Ärzte und des Pflegepersonals

Mein Bevollmächtigter soll kontrollieren und durchsetzen, dass mein in meiner Patientenverfügung erklärter Wille berücksichtigt wird. Er darf dazu meine Krankenunterlagen einsehen und entscheiden, ob erhobene Daten und Untersuchungsergebnisse Dritten zugänglich gemacht werden. Mein Bevollmächtigter darf auch darüber entscheiden, ob eine Obduktion meines Leichnams erfolgen soll.

Auch soll mein Bevollmächtigter die Kontrolle darüber ausüben, ob die Klinik, die Ärzte und das Pflegepersonal mir trotz meiner Bewusstlosigkeit oder Entscheidungsunfähigkeit eine angemessene ärztliche und pflegerische Betreuung zukommen lassen, die zugleich auch eine menschenwürdige Unterbringung umfasst. Die Kontrolle bezieht sich auch auf eine Sterbebegleitung und die Leithilfe, die Ärzte und Pflegepersonal zu verpflichten, Schmerz, Atemnot, unstillbarem Brechreiz, Erstickungsangst oder vergleichbar schweren Angstzuständen entgegenzuwirken, selbst wenn mit diesen palliativen Maßnahmen das Risiko einer Lebensverkürzung nicht ausgeschlossen werden kann.

Insbesondere sollen meine Bevollmächtigten hier auch an die von mir in meiner Patientenverfügung festgelegten Wünsche gebunden sein und diese gegenüber Dritten befolgen und durchsetzen.

Meine Bevollmächtigten dürfen in meinem Namen auch bereits erteilte Einwilligungen zurücknehmen oder Einwilligungen verweigern, Krankenunterlagen einsehen und deren Herausgabe an Dritte bewilligen.

§ 5 Betreuungsverfügung

Sollte das Vormundschaftsgericht eine Betreuung für erforderlich halten, möchte ich, dass hierzu

_____

ersatzweise

_____

bestimmt wird.

Im Falle einer Anordnung einer Betreuung gelten alle hier in dieser Vollmacht getroffenen Anweisungen gleichzeitig als Betreuungsverfügung.

§ 6 Wirksamkeit und Widerruf

Die Vollmacht wird mit der Unterzeichnung durch mich wirksam und gilt nach außen uneingeschränkt. Sie gilt im In- und Ausland und berechtigt meinen Bevollmächtigten und meinen Kontrollbevollmächtigten zum sofortigen Handeln. Im Außenverhältnis ist die Vollmacht unbeschränkt gültig. Die Vollmacht ist jedoch nur wirksam, solange der Bevollmächtigte oder Kontrollbevollmächtigte eine Ausfertigung dieser Vollmachtsurkunde besitzt und bei Vornahme einer Handlung im Original vorlegen kann. Im Innenverhältnis wird mein Bevollmächtigter jedoch angewiesen, die Vollmacht nur nach meiner vorherigen Weisung zu gebrauchen. Das Innenverhältnis dieser Vollmacht ist in einem gesonderten, dieser Vollmacht zugrunde liegenden Vertrag geregelt. Untervollmacht darf im Rahmen der meinem Bevollmächtigten und meinem Kontrollbevollmächtigten zuteil gewordenen Vertretungsmacht erteilt werden. Bei Entscheidungen, die die Zustimmung oder Verweigerung zu einer medizinischen Behandlung oder deren Abbruch oder zu einem medizinischen Eingriff, zu einer Unterbringung oder unterbringungsähnlichen Maßnahme oder die Aufhebung oder Begründung meines Wohnsitzes betreffen, ist eine Unterbevollmächtigung nur einer/s Rechtsanwalts/einer Rechtsanwältin möglich.

Auf Antrag sind meinem Bevollmächtigten und meinem Kontrollbevollmächtigten jederzeit weitere Ausfertigungen und beglaubigte Abschriften dieser Urkunde in der von ihnen benötigten Anzahl zu erteilen.

Die Vollmacht und der ihr zugrunde liegende Geschäftsbesorgungsvertrag bleiben in Kraft, auch wenn ich geschäftsunfähig werde oder sterbe.

Die Vollmacht ist für mich und nach meinem Tod für meine Erben jederzeit einseitig frei widerruflich, auch gesondert gegenüber meinem Bevollmächtigten und Kontrollbevollmächtigten. Ein Widerruf der Vollmacht durch den Bevollmächtigten gegenüber dem Kontrollbevollmächtigten ist nicht möglich.

§ 7 Stellvertretung

Mein Bevollmächtigter/meine Bevollmächtigten können diese Vollmacht ganz oder teilweise auf andere übertragen und eine solche Übertragung widerrufen.

§ 8 § 181 BGB

Von den Beschränkungen des § 181 BGB ist mein Bevollmächtigter befreit, nicht jedoch eine dritte Person, die als Ersatz- oder Kontrollbevollmächtigter tätig wird.

§ 9 Kontrollbevollmächtigung

Zum Kontrollbevollmächtigten über diese Vollmacht bestimme ich

ersatzweise

_____

Mein Kontrollbevollmächtigter kann die mir gegenüber meinen Bevollmächtigten zustehenden Rechte ebenso geltend machen wie ein vom Vormundschaftsgericht nach § 1896 Abs. 3 BGB bestellter Betreuer.

Zu den Rechten des Kontrollbevollmächtigten zählen insbesondere, ohne dass diese Aufzählung abschließend sein soll:

- Widerrufen der Vollmacht,
- Verlangen nach Auskunft und Rechnungslegung wie der Auftraggeber,
- jährliche Prüfung der Rechnungslegung und Entlastung des Beauftragten für seine Tätigkeit mit befreiender Wirkung gegenüber dem Auftraggeber und seinen Rechtsnachfolgern,
- Herausverlangen des zur Auftragsausführung Erhaltenen für den Auftraggeber,
- Geltendmachung des durch die Geschäftsführung Erhaltenen für den Auftraggeber,
- Entscheidung über das Abweichen vom Auftrag nach § 665 S. 2 BGB,
- Erheben von Schadensersatzansprüchen zugunsten des Auftraggebers.

§ 10 Salvatorische Klausel

Sollten einzelne Bestimmungen dieser Vorsorgevollmacht unwirksam sein oder werden, so soll das nicht die Wirksamkeit meiner Vorsorgevollmacht im Übrigen berühren. Unwirksame Bestimmungen sollen entsprechend ihrem Sinn ausgelegt und durch wirksame ersetzt werden.

_____, den _____   _____

(Unterschrift)

Bestätigung der Unterschrift durch Zeugen:

_____, den _____   _____
(Unterschrift)

_____, den _____   _____
(Unterschrift)

Bestätigung der Verfügung:

Ich bestätige hiermit, dass die o. g. Verfügung immer noch meinem Willen entspricht. Vorsorglich möchte ich klarstellen, dass aus einer Änderung meiner gesundheitlichen Situation oder der nicht innerhalb von zwei Jahren erfolgten erneuten Bestätigung dieser Verfügung nicht von vornherein geschlossen werden kann, dass ich die Durchführung meiner in dieser Verfügung niedergelegten Wünsche nicht mehr wünsche. Eine Ausnahme davon gilt nur, wenn tatsächlich konkrete Anhaltspunkte für eine Änderung meines Willens vorliegen.

_____, den _____   _____
(Unterschrift)

_____, den _____   _____
(Unterschrift)

_____, den _____   _____
(Unterschrift)

_____, den _____   _____
(Unterschrift)

Geschäftsbesorgungsvertrag mit dem Bevollmächtigten

Zwischen

**Herrn Otto Normalerblasser,
geboren am 04.09.1919,
wohnhaft in ABC-Straße 123, 80939 München**

- nachstehend Auftraggeber genannt -
und

**Herrn Ludwig Thomas, geboren am 11.08.1961,
derzeit wohnhaft in ABC-Str. 456, 80939 München**

- nachstehend Beauftragter genannt -

wird nachfolgender Vertrag geschlossen, der das Innenverhältnis über die am 01.07.2005 vom Auftraggeber verfasste Vorsorgevollmacht regelt. Eine Beschränkung des Beauftragten erfolgt durch diese Vereinbarung nicht. Es gilt das in der vorgenannten Vorsorgevollmacht Geregelte. Die nachfolgenden Regelungen des Innenverhältnisses gelten auch für einen eventuellen Rechtsnachfolger des Beauftragten.

§ 1
Geschäftsbesorgung in Vermögensangelegenheiten

Der Auftraggeber verpflichtet sich, solange es ihm möglich ist, bei der Vermögensverwaltung mitzuwirken und dem Beauftragten die notwendigen Auskünfte und Unterlagen zur Verfügung zu stellen.

Die Geschäftsbesorgung in Vermögensangelegenheiten umfasst insbesondere

- den Geschäftsverkehr mit Banken und Behörden,
- den Geschäftsverkehr mit Steuerbehörden,
- die Antragstellung für Leistungen nach dem Pflegeversicherungsgesetz und die Vertretung gegenüber Sozialversicherungsanstalten, Kranken-, Renten-, Pensionskassen und Versorgungswerken sowie gegenüber Krankenversicherungen und Beihilfestellen.

Die Vermögensverwaltung durch den Beauftragten beginnt mit der ersten Vermögensverfügung des Beauftragten.

Der Beauftragte verpflichtet sich insbesondere

- zur ordnungsgemäßen Verwaltung des Vermögens des Auftraggebers unter Einhaltung der geltenden Rechts- und Steuervorschriften;
- zur Trennung des Vermögens des Auftraggebers vom Vermögen des Beauftragten oder von ihm verwalteter Vermögen Dritter. Ein Sammelkonto darf nicht geführt werden;

- zur Erstellung eines Vermögensverzeichnisses über das bei Aufnahme der Vermögensverwaltung vorhandene Vermögen innerhalb von drei Monaten nach Aufnahme der Vermögensverwaltung. Wertgegenstände sind in das Vermögensverzeichnis nur aufzunehmen, soweit sie im Einzelfall einen Wert von 100 EUR (in Worten: einhundert Euro) überschreiten. Sachgesamtheiten (wie z. B. Wäsche) können dabei im Verzeichnis zusammengefasst werden;
- zur Einsetzung des Einkommens und des Vermögens des Auftraggebers ausschließlich für das Wohl und die Versorgung des Auftraggebers;
- Vermögen nach vernünftigen wirtschaftlichen Grundsätzen anzulegen. Bei der Anlagestrategie hat Sicherheit grundsätzlich Vorrang gegenüber Wachstum. Eine höhere Risikogruppe als die Gruppe 3 darf bei Banken o. Ä. nicht erfolgen.

Sollte die Unterbringung des Auftraggebers in einer Pflegeeinrichtung (betreutes Wohnen, Alten- oder Pflegeheim etc.) erforderlich sein, so ist die Wohnung des Auftraggebers zu verkaufen/zu kündigen und der Haushalt des Auftraggebers aufzulösen. Des Weiteren ist der Beauftragte zur Auskunft und Rechnungslegung verpflichtet. Im Einzelnen gilt dazu:

- Der Beauftrage muss in Abweichung zu § 666 BGB nur jährlich Rechnung über die Vermögensverwaltung in Form einer geordneten Zusammenstellung der Einnahmen und Ausgaben legen.
- Die Rechnungslegung ist mit den entsprechenden Belegen zu versehen, soweit diese erteilt zu werden pflegen und den Betrag von 10,00 Euro überschreiten.
- Der Beauftragte ist zu einer jährlichen Vermögensaufstellung verpflichtet, die über den Ab- und Zugang des Vermögens Auskunft gibt.
- Der Beauftragte hat die Rechnungslegung dem Auftraggeber spätestens drei Monate nach Ablauf des Rechnungslegungszeitraums vorzulegen.
- Das erste Rechnungslegungsjahr beginnt mit der ersten Vermögensverfügung des Beauftragten. Übernimmt der Auftraggeber danach seine Vermögenssorge wieder selbst, erfolgt die Rechnungslegung des Beauftragten nur bis zu diesem Zeitpunkt.
- Über Buchungen, denen Abhebungen, Zahlungen oder Überweisungen durch EC- oder Kreditkarten etc. des Auftraggebers oder Dritter zugrunde liegen, besteht keine Abrechnungspflicht des Beauftragten. Diese Buchungen sind in der Rechnungslegung als von dem Auftraggeber veranlasste Buchungen zu kennzeichnen.
- Der Beauftragte hat die EC- und Kreditkarten etc. des Auftraggebers einziehen zu lassen, sobald er erkennt, dass eine Missbrauchsgefahr für die EC- und Kreditkarten etc. des Auftraggebers besteht.
- Über quittierte Barbeträge zur Bestreitung der gewöhnlichen Lebenshaltungskosten des Auftraggebers besteht bis zu einem Betrag von 250,00 EUR (In Worten: zweihundertfünfzig Euro) pro Woche keine Abrechnungspflicht des Beauftragten. Empfangszeichnungsberechtigt sind insoweit auch Mitarbeiter beauftragter Haus- und Pflegedienste oder von Alten- und Pflegeheimen.
- Der Auftraggeber hat, sofern er keine Beanstandungen hat, innerhalb eines Monats nach Rechnungslegung dem Beauftragten mit befreiender Wirkung Entlastung zu erteilen. Sofern der Auftraggeber die Vermögensverwaltung beanstandet und keine

Entlastung erteilt oder nicht mehr in der Lage ist, eine Entlastung zu erteilen, ist die Rechnungslegung unverzüglich dem Kontrollbevollmächtigten vorzulegen.

- Die Darlegungs- und Beweislast für die Unrichtigkeit der Zusammenstellung der Einnahmen und Ausgaben und hierbei insbesondere für den Verbleib der Einnahmen und dafür, dass über nicht mehr vorhandene Vermögenswerte nicht nach den Weisungen oder im Interesse des Auftraggebers verfügt worden ist, trifft in Abweichung zu § 666 BGB denjenigen, der sich darauf beruft.

§ 2
Geschäftsbesorgung in persönlichen Angelegenheiten

Der Beauftragte verpflichtet sich insbesondere

- zur Durchführung der rechtlichen Organisation der persönlichen Betreuung des Auftraggebers (hierzu zählen z. B. die Beauftragung häuslicher Pflege- und Versorgungsdienste oder die notwendige Zuführung zur ärztlichen Behandlung oder die notwendige Aufnahme in ein Krankenhaus oder eine Pflegeeinrichtung);
- zur Beachtung von ärztlichen Empfehlungen, insbesondere bei der Aufenthaltswahl, wobei auch der Gesundheitszustand des Auftraggebers und der Grad der Pflegebedürftigkeit zu berücksichtigen sind;
- zur Beachtung des Wunsches des Auftraggebers, wonach er nach Möglichkeit zu Hause oder in einem Hospiz sterben bzw. von einem ambulanten Hospizdienst betreut werden möchte;
- zur Beachtung des Wunsches des Auftraggebers, wonach er seine bisherigen Lebensgewohnheiten beibehalten und in der ihm vertrauten Umgebung so lange wie möglich leben möchte. Allgemeine Gefahren im eigenen Haushalt für die Gesundheit und das Leben des Auftraggebers (Stürze, Verletzungen, Gefahr einer hilflosen Lage etc.) sollen nach dem ausdrücklichen Wunsch des Auftraggebers kein Grund für eine Unterbringung in einer Pflegeeinrichtung (betreutes Wohnen, Alten- oder Pflegeheim etc.) sein.

§ 3
Übertragung von Aufgaben auf Dritte

- Der Beauftragte hat den Auftrag höchstpersönlich auszuführen. Er kann den Auftrag nicht im Ganzen auf Dritte übertragen oder die Erledigung aller Angelegenheiten einem Dritten überlassen. Eine Stellvertretung in einzelnen Angelegenheiten ist gemäß der Vorsorgevollmacht aber zulässig. Der Beauftragte ist z. B. berechtigt, auf Kosten des Auftraggebers einzelne Angelegenheiten durch einen von ihm mit der üblichen Sorgfalt ausgewählten Dritten (z. B. Rechtsanwalt, Steuer- oder Rentenberater) erledigen zu lassen.
- Entscheidungen, die die Zustimmung oder Verweigerung zu einer medizinischen Behandlung oder deren Abbruch oder zu einem medizinischen Eingriff, zu einer Unterbringung oder unterbringungsähnlichen Maßnahme oder die Aufhebung oder Begründung des Wohnsitzes betreffen, hat der Beauftragte immer persönlich zu treffen; eine Beauftragung von Kanzleimitarbeitern ist insoweit nicht möglich.

- Schadensersatzansprüche gegen beauftragte Personen sind im Namen des Auftraggebers durch den Beauftragten geltend zu machen.

§ 4
Vergütung und Auslagenersatz

Der Beauftragte erhält für seine Tätigkeit keine Vergütung.

(Alternativ: erhält eine Vergütung in Höhe von 35,00 Euro je angefangene Stunde.)

Neben dieser Vergütung sind Auslagen für Post- und Telekommunikationsdienstleistungen sowie für Büromaterialien zu ersetzen, und zwar in der tatsächlich entstandenen Höhe. Soweit üblich, sind für Auslagen Belege vorzulegen, wenn der Betrag im Einzelfall 10,00 Euro übersteigt.

Der Beauftragte erhält diese Beträge durch den Bevollmächtigten des Auftraggebers aus dem Vermögen des Auftraggebers.

§ 5
Beginn, Dauer und Beendigung der Geschäftsbesorgung

Die Geschäftsbesorgung beginnt mit der Unterzeichnung dieses Geschäftsbesorgungsvertrags.

Der Geschäftsbesorgungsauftrag erlischt nicht mit dem Eintritt der Geschäftsunfähigkeit oder durch den Tod des Auftraggebers.

Die Kündigung durch den Auftraggeber ist jederzeit, auch grundlos, möglich. Die Kündigung hat ausschließlich schriftlich zu erfolgen. Im Kündigungsfall hat der Beauftragte unverzüglich den Kontrollbevollmächtigten des Auftraggebers von der Kündigung des Vertrags mit dem Bevollmächtigten in Kenntnis zu setzen.

Die Kündigung durch den Beauftragten ist mit einer Frist von einem Monat, auch grundlos, möglich.

(Alternativ: Die Kündigung durch den Beauftragten ist mit einer Frist von einem Monat bei Vorliegen eines wichtigen Grundes möglich.

Ein wichtiger Grund liegt auch dann vor, wenn Umstände eintreten, aufgrund derer dem Beauftragten die Geschäftsbesorgung nicht mehr zugemutet werden kann, z. B. wenn der Auftraggeber vermögenslos wird. Die Kündigung hat ausschließlich schriftlich zu erfolgen.)

Im Fall seiner Kündigung hat der Beauftragte für den Auftraggeber, soweit keine anderweitige Bevollmächtigung mehr vorliegt, unverzüglich beim zuständigen Vormundschaftsgericht eine Betreuung anzuregen, falls der Auftraggeber zu diesem Zeitpunkt aufgrund einer psychischen Krankheit oder einer körperlichen, geistigen oder seelischen Behinderung seine Angelegenheiten ganz oder teilweise nicht besorgen kann. In diesem Fall hat der Beauftragte seine Tätigkeit fortzuführen, bis ein gesetzlicher Betreuer bestellt worden ist oder von der Einrichtung einer Betreuung abgesehen wurde.

§ 6
Pflichten beim Tod des Auftraggebers

Beim Tod des Auftraggebers ist der Bevollmächtigte verpflichtet:

- zur Information der Erben,
- zur Information des Bestattungsdienstes und zur Einleitung der Bestattung gemäß dem Wunsch des Auftraggebers,
- zum Sichern der Wohnung.

§ 7
Kontrolle des Beauftragten

Der Beauftragte unterliegt der Kontrolle durch den in der Vorsorgevollmacht des Auftraggebers vom 01.07.2005 benannten Kontrollbevollmächtigten.

§ 8
Schlussbestimmungen

Zusatzvereinbarungen zu diesem Vertrag bedürfen der Schriftform. Gleiches gilt für die Abweichung von der Schriftform.

§ 9
Salvatorische Klausel

Sollte eine Bestimmung dieses Vertrags ungültig sein oder werden oder eine Lücke aufweisen, wird die Gültigkeit des Vertrags im Übrigen dadurch nicht berührt. Anstelle der unwirksamen Regelung gilt die Regelung als vereinbart, die dem Willen der Vertragsparteien am nächsten kommt. Entsprechendes gilt für die Ausfüllung einer Lücke.

Ort, Datum_____

_____ _____

Auftraggeber   Beauftragter

Geschäftsbesorgungsvertrag mit dem Kontrollbevollmächtigten

Zwischen

Herrn Otto Normalerblasser,
geboren am 04.09.1919,
wohnhaft in ABC-Straße 123, 80939 München

- nachstehend Auftraggeber genannt -

und
Herrn Maximilian Florian, geboren am 23.04.1964,
derzeit wohnhaft in ABC-Str. 789, 80939 München

- nachstehend Beauftragter genannt -

wird nachfolgender Vertrag geschlossen, der die Kontrolle über die am 01.07.2005 vom Auftraggeber verfassten Vorsorgevollmacht regelt.

Die nachfolgenden Regelungen gelten auch für einen Vertreter und einen eventuellen Rechtsnachfolger des Beauftragten.

§ 1 Rechte des Kontrollbevollmächtigten

Die Rechte des Beauftragten als Kontrollbevollmächtigter richten sich nach der Vorsorgevollmacht des Auftraggebers und sind dort abschließend benannt. Weitere als die dort genannten Rechte stehen dem Beauftragten als Kontrollbevollmächtigten nicht zu. Der Beauftragte hat seine Rechte als Kontrollbevollmächtigter gegenüber dem Bevollmächtigten des Auftraggebers nach eigenem pflichtgemäßen Ermessen auszuüben.

§ 2 Vergütung und Auslagenersatz

Der Beauftragte erhält für seine Tätigkeit keine Vergütung.

(Alternativ: erhält eine Vergütung in Höhe von 35,00 Euro je angefangene Stunde.)

Auslagen für Post- und Telekommunikationsdienstleistungen sowie für Büromaterialien sind (neben dieser Vergütung) zu ersetzen, und zwar in der tatsächlich entstandenen Höhe. Soweit üblich, sind für Auslagen Belege vorzulegen, wenn der Betrag im Einzelfall 10,00 Euro übersteigt.

Der Beauftragte erhält diese Beträge durch den Bevollmächtigten des Auftraggebers aus dem Vermögen des Auftraggebers.

§ 3 Beginn, Dauer und Beendigung der Geschäftsbesorgung

Die Geschäftsbesorgung beginnt mit der zuverlässigen Kenntnis des Beauftragten von einem Verlust der Kontrollfähigkeit des Auftraggebers über seinen Bevollmächtigten sowie im Fall von Unstimmigkeiten zwischen dem Auftraggeber und seinem Bevollmächtigten oder im Fall eines Missbrauchs der Vollmacht durch den Bevollmächtigten des Auftraggebers.

Der Geschäftsbesorgungsauftrag erlischt nicht mit dem Eintritt der Geschäftsunfähigkeit oder durch den Tod des Auftraggebers.

Die Kündigung durch den Auftraggeber ist jederzeit, auch grundlos, möglich. Die Kündigung hat ausschließlich schriftlich zu erfolgen. Im Kündigungsfall hat der Beauftragte unverzüglich den Bevollmächtigten des Auftraggebers von der Kündigung des Vertrags mit dem Kontrollbevollmächtigten in Kenntnis zu setzen.

Die Kündigung durch den Beauftragten ist mit einer Frist von einem Monat, auch grundlos, möglich.

(Alternativ: Die Kündigung durch den Beauftragten ist mit einer Frist von einem Monat bei Vorliegen eines wichtigen Grundes möglich.

Ein wichtiger Grund liegt auch dann vor, wenn Umstände eintreten, aufgrund derer dem Beauftragten die Geschäftsbesorgung nicht mehr zugemutet werden kann, z. B. wenn der Auftraggeber vermögenslos wird. Die Kündigung hat ausschließlich schriftlich zu erfolgen.)

Im Fall seiner Kündigung hat der Beauftragte diese für den Auftraggeber unverzüglich beim ersatzweisen Kontrollbevollmächtigten anzuzeigen. Falls kein ersatzweiser Kontrollbevollmächtigter vorhanden ist, hat der kündigende Kontrollbevollmächtigte beim zuständigen Vormundschaftsgericht eine Kontrollbetreuung anzuregen, falls der Auftraggeber zu diesem Zeitpunkt aufgrund einer psychischen Krankheit oder einer körperlichen, geistigen oder seelischen Behinderung seinen Bevollmächtigten nicht mehr überwachen kann.

In diesem Fall hat der Beauftragte seine Tätigkeit fortzuführen, bis das Vormundschaftsgericht über die Notwendigkeit der Bestellung eines gesetzlichen Kontrollbetreuers eine Entscheidung getroffen hat.

§ 4 Schlussbestimmungen

Zusatzvereinbarungen zu diesem Vertrag bedürfen der Schriftform. Gleiches gilt für die Abweichung von der Schriftform.

§ 5 Salvatorische Klausel

Sollte eine Bestimmung dieses Vertrags ungültig sein oder werden oder eine Lücke aufweisen, wird die Gültigkeit des Vertrags im Übrigen dadurch nicht berührt. Anstelle der unwirksamen Regelung gilt die Regelung als vereinbart, die dem Willen der Vertragsparteien am nächsten kommt. Entsprechendes gilt für die Ausfüllung einer Lücke.

Ort, Datum_____

_____   _____

        Auftraggeber   Beauftragter

Muster: Nachlassverzeichnis

Aktiva	
	Euro
Immobilien	
Verkehrswert am Todestag	_____
Mobilien	
Schätzwert zum Todestag	_____
Schmuck	_____
Kunstgegenstände	_____
Mobiliar	_____
Sammlungen	_____
Wertpapiere	
Kurswert zum Todestag	_____
Kontenguthaben	_____
Barvermögen	_____
Sonstiges	_____
Aktivvermögen	===============
Passiva	
Nachlassverbindlichkeiten	
Schulden des Erblassers bis Todestag	_____
Kosten des Erbes	
Kosten zu Lasten des Erbes vor Berechnung des Pflichtteils	_____
Begräbnis	_____
Grabkosten (Pflege etc.)	_____
Nachlassgericht-/Grundbuchkosten	_____
Kosten der Wertermittlung (Gutachter- und Anwaltskosten)	_____
Verbindlichkeiten	===============
Nachlasswert **(Aktivvermögen ./. Verbindlichkeiten)**	===============

Stichwortverzeichnis